BASISWISSEN FIT IM JOB

STRATEGISCHES DENKEN

ANDY BRUCE
& KEN LANGDON

Dorling Kindersley

Dorling Kindersley

Lektorat Adèle Hayward
Gestaltung Caroline Marklew
DTP-Design Jason Little
Herstellung Elizabeth Cherry, Heather Hughes

Cheflektorat Stephanie Jackson
Chefbildlektorat Nigel Duffield

Produziert für Dorling Kindersley von Cooling Brown, Hampton, Middlesex

Gestaltung Arthur Brown
Redaktion Amanda Lebentz, Helen Ridge

Die Deutsche Bibliothek – CIP-Einheitsaufnahme

Ein Titeldatensatz für diese Publikation ist bei Der Deutschen Bibliothek erhältlich.

Titel der englischen Originalausgabe:
Strategic Thinking

Übersetzung Ute Mareik
Satz Büro für Informationsgestaltung, München

ISBN 3-8310-0115-4

Besuchen Sie uns im Internet
www.dk.com

INHALT

Die Strategie planen

Die Strategie umsetzen

EINLEITUNG

Führungskräfte müssen in der Lage sein, langfristig zu planen, während sie gleichzeitig kurzfristig Maximales leisten. Dieses Buch zeigt Ihnen den Weg zum Erfolg und hilft Ihnen bei der Entwicklung Ihrer analytischen Fähigkeiten und der Planung von Teamarbeit. Alle wesentlichen Aspekte der Konzeption und Umsetzung von Strategien sind hier erläutert: Wie Sie vom Sammeln von Daten und Hintergrundinformationen zu einer neuen Strategie gelangen, die Sie dann revidieren und anpassen. 101 praktische Tipps geben gezielte Hinweise zum schnellen Nachschlagen, und ein Test zur Selbsteinschätzung hilft Ihnen herauszufinden, wie effektiv Ihr strategisches Denken ist. Durch wertvolle Hilfestellungen unterstützt Sie dieses Buch bei zukunftsorientiertem Planen.

WAS IST EINE STRATEGIE?

Eine Strategie ist eine Absichtserklärung, die festlegt, wo Ihre langfristigen Ziele liegen. Um erfolgreiche Strategien zu planen, müssen Sie die beteiligten Prozesse verstehen und Probleme erkennen.

STRATEGIE: DEFINITIONEN

Strategie wurde einst definiert als »Planung und Durchführung militärischer Operationen«. Im Geschäftsleben ist eine Strategie die Zukunftsplanung, die detailliert, welche Produkte Sie wie auf welche Märkte bringen.

1 Sie sollten verstehen, warum eine Strategie für Sie und Ihre Firma wichtig ist.

2 Wenn Ihnen die Firmenstrategie unklar ist, fragen Sie Ihren Vorgesetzten.

WARUM SOLLTEN SIE EINE STRATEGIE HABEN?

Eine Strategie ermöglicht Ihnen sicherzustellen, dass aktuelle Tagesentscheidungen mit den langfristigen Interessen Ihrer Organisation übereinstimmen. Ohne eine Strategie könnten Entscheidungen, die Sie heute fällen, negative Auswirkungen auf zukünftige Ergebnisse haben. Eine Strategie fördert auch die Zusammenarbeit mit gemeinsamer Zielsetzung. Die meisten Firmen verfügen über eine Strategie auf höchster Ebene, doch mitunter werden entsprechende Informationen nicht bis ganz unten weitergegeben.

NACH VORN SCHAUEN

Das moderne Geschäftsleben zwingt dazu, Tagesziele zu erreichen und Probleme kurzfristig zu lösen. Die operative Planung tendiert dazu, gegenüber der Zukunftsplanung Vorrang zu gewinnen. Strategie befasst sich mit dem, was weiter vor uns liegt, fragt nach Zielen und wie man sie erreicht. Selbst wenn Sie bereits wissen, welche Produkte Sie auf welche Märkte bringen wollen, benötigen Sie immer noch eine Strategie zur Umsetzung Ihrer Ziele in die Wirklichkeit.

NICHT VERGESSEN

- Eine Strategie legt fest, welche Produkte oder Dienstleistungen in welche Märkte verkauft und geliefert werden.
- Der Erfolg einer Strategie muss messbar sein, beispielsweise durch finanzielle Resultate oder die Qualität des Kundenservice.

FOLGEN SIE DEM STRATEGIESCHEMA

Analysieren Sie vorhandene Informationen, um Ihre Position zu klären.

↓

Bestimmen Sie Ihren Wettbewerbsvorteil genau.

↓

Legen Sie die Reichweite Ihrer Märkte fest.

↓

Entscheiden Sie, wo Sie Ihre Ressourcen bündeln wollen.

↓

Implementieren Sie Veränderungen gemäß ihrer Priorität.

↓

Überwachen Sie die Performance ständig, und revidieren Sie ggf. Ihre Strategie.

... findet den Ausgleich zwischen kurzfristigem und langfristigem Handlungsbedarf.

... sieht Probleme als Chancen zur Leistungsverbesserung.

... bleibt ruhig, wenn Unerwartetes geschieht.

... arbeitet mit dem Team zusammen.

... versteht sich aufs Kommunizieren.

▲ **EINE GUTE STRATEGIN ...**

... betrachtet Tagesereignisse im Hinblick auf das Ziel, das sie sich gesteckt hat. Sie reagiert positiv auf Problemstellungen, kann Menschen motivieren und inspirieren sowie gut kommunizieren.

DAS TEAM BETEILIGEN

Motivieren Sie Ihr Team zur Umsetzung der Strategie. Stellen Sie sich die nötigen Techniken und Methoden als eine Art Wegbeschreibung vor, der die Gruppe folgt, um erfolgreich ans Ziel zu gelangen. Indem Sie die entsprechenden Rahmenbedingungen schaffen, ermutigen Sie Ihr Team, in gemeinschaftlicher Anstrengung auf das gemeinsame Ziel hinzuarbeiten. Und Sie unterstützen die persönliche Entwicklung Ihrer Mitarbeiter, indem Sie ihnen beibringen, strategisch zu denken.

DER PROZESS IM DETAIL

Die Entwicklung einer neuen Strategie findet in drei Phasen statt: Analyse, Planung und Umsetzung (Implementierung). Auf die ersten beiden Phasen Zeit und Mühe zu verwenden, ist entscheidend für eine erfolgreiche Umsetzung.

3 Beteiligen Sie alle Mitarbeiter der Arbeitsgruppe an der Datensammlung.

4 Fordern Sie Ihre Mitarbeiter auf, die Fakten objektiv zu betrachten.

GRÜNDLICH ANALYSIEREN

In der ersten Phase (Analyse) sammeln Sie so viele Informationen, wie Sie nur können, um eine fundierte Entscheidungsgrundlage zu haben. Diese Phase ist deshalb so wichtig, weil die Fakten, die Ihnen zur Verfügung stehen, die Richtung beeinflussen, die Sie am Ende einschlagen werden. Sie analysieren, was innerhalb Ihrer Organisation geschieht und berücksichtigen dabei einzelne Aspekte Ihres eigenen Firmenbereichs und anderer Bereiche, die sich auf Ihre Arbeit auswirken könnten. Ihr Ziel besteht darin, die Stärken und Schwächen Ihrer aktuellen Position klar herauszuarbeiten sowie eine Liste künftiger Möglichkeiten aufzustellen.

DIE DATENSAMMLUNG DELEGIEREN ▼

Übertragen Sie Aufgaben der Datenermittlung Angehörigen Ihres Teams.

Vorgesetzter gibt Anweisungen zur Datensammlung.

Angehörige der Arbeitsgruppe stellt Nachforschungen über Mitbewerber an und analysiert Internetseiten der Konkurrenz.

DIE STRATEGIE PLANEN

Wenn Sie alle erforderlichen Fakten zusammengetragen haben, besteht die nächste Phase darin, strategische Entscheidungen zu fällen, die Sie Ihrem Gesamtziel näherbringen. Sie müssen bedenken, wo Sie gegenüber der Konkurrenz im Vorteil sind, und für Ihre Operationen Grenzen festlegen. Der erste Schritt ist die Auflistung der Produkte, die in der Zukunft vermutlich gefragt sein werden, sowie der erreichbaren Märkte. Dann wählen Sie aus, welchen dieser Märkte Sie entwickeln wollen, sei es mit bereits vorhandenen oder neuen Produkten. Die Entscheidungen, die Sie treffen, sind grundlegend für Ihre künftige finanzielle Position und ermöglichen die Aufstellung eines realistischen Budgets.

5 Nehmen Sie sich reichlich Zeit und überstürzen Sie in der Planungsphase nichts.

6 Stellen Sie sich darauf ein, Ihrem Team gut zuzuhören – bei jedem Schritt.

WICHTIGE FRAGEN

- **F** Kann ich anderen die Strategie in großen Zügen erläutern?
- **F** Weiß ich, wo ich nach den benötigten Informationen suchen muss?
- **F** Kann ich Zeit in die ersten beiden Phasen der Entwicklung einer neuen Strategie investieren?
- **F** Unterstützen Vorgesetzte meine Strategie?

EINE STRATEGIE ENTWICKELN

Die Analyse liefert Entscheidungshilfen, die Planung gibt die Marschrichtung vor, und die Umsetzung bringt die Ergebnisse.

DIE STRATEGIE UMSETZEN

In der letzten Phase der Strategieentwicklung legen Sie unter Berücksichtigung Ihrer Analyse fest, was Sie tun werden und wie. Vielleicht ist es möglich, die neuen Ziele lediglich mit geringfügigen Veränderungen in der Arbeitsweise Ihres Teams zu erreichen. Vielleicht stellen Sie aber auch fest, dass Sie erst durch weit reichende Veränderungen und den Erwerb neuer Qualifikationen erfolgreich sein können. Machen Sie nicht den Fehler, in der ersten Phase so intensiv an der Analyse zu arbeiten, dass für Planung und Umsetzung weniger Energie bleibt. Sie müssen Ihre Strategie jedem erläutern, der sie kennen sollte, und Sie müssen sie anpassen, um Veränderungen in den äußeren Umständen und in der Arbeit der übrigen Organisation zu berücksichtigen.

Analysieren → **Planen** → **Implementieren**

KURZ- UND LANGFRISTIGES DENKEN

Das Gleichgewicht zwischen kurz- und langfristiger Planung ist für jede Strategie zentral. Wenn Sie die Bedeutung beider Aspekte bei der Strategieplanung verstehen, wird es Ihnen leichter fallen, das richtige Verhältnis zu finden.

7 Seien Sie zuversichtlich, aber realistisch im Hinblick auf Ihre Möglichkeiten.

8 Machen Sie sich im Tagesgeschäft immer wieder Ihre Fernziele klar.

FALLSTRICKE VERMEIDEN

Wenn Sie sich ausschließlich auf den kurzfristigen Erfolg konzentrieren, riskieren Sie, auf lange Sicht zu scheitern. Beispielsweise könnte es passieren, dass Sie plötzlich veraltete Produkte anbieten oder Märkte anvisieren, deren Bedarf sich verändert hat. Die Kunst besteht darin, sich auf die Gegenwart zu konzentrieren, um das Wachstum sicherzustellen, das Sie jetzt brauchen, und dabei die Zukunft nicht aus dem Blick zu verlieren, damit die klugen Entscheidungen von heute auch kluge Entscheidungen für morgen sind.

FALLBEISPIEL

Frau König arbeitete für eine Firma, die automatisierte Einrichtungen für Lagerhäuser verkaufte. Einer ihrer Kunden hatte Probleme mit der mangelnden Kapazität eines Förderbands. Frau König wollte ihrem Kunden gern zwei neue Förderbänder verkaufen, um das Problem zu beheben. Doch als sie die Bänder in der Produktionsabteilung ordern wollte, sagte man ihr, es gebe eine neue Strategie, derzufolge die alten Bänder in etwa neun Monaten durch neue, bessere und technisch ausgereiftere Produkte ersetzt werden sollten. Frau König informierte ihren Kunden entsprechend und entwickelte auch eine vorübergehende Lösung, um das Problem abzumildern. Obwohl sie so keine Bestellung für eine kurzfristige Lieferung erhielt, konnte sie ihrem Kunden insgesamt eine deutlich bessere Lösung anbieten, was zu einer größeren Order zu einem späteren Zeitpunkt führte.

◀ LANGFRISTIG PLANEN

Manchmal ist es langfristig gesehen nicht im Interesse des Unternehmens, möglichst schnell Verkaufsabschlüsse zu tätigen. Unter Umständen kann es wichtiger sein, dass Sie Ihren Kunden auf lange Sicht maximal zufrieden stellen.

9 Bemühen Sie sich darum, strategisches Denken zu einem Teil Ihres Alltags zu machen.

DAS GLEICHGEWICHT FINDEN

Wenn Sie eine Strategiesitzung absagen, hat das kurzfristig keine Auswirkungen, aber wenn Sie einen Kunden nicht zurückrufen, könnten Sie einen Auftrag verlieren. Daher darf es nicht überraschen, dass Ihr Team, wenn es nicht fest entschlossen ist, Zeit auf strategische Fragen zu verwenden, kurzfristigen operativen Aufgaben immer den Vorrang einräumt. Sie sollten daher beispielsweise beschließen, einen Zeitraum von drei Monaten für die Entwicklung einer neuen Strategie fest einzuplanen. Am Anfang setzen Sie zwei Tage mit Meetings an und danach je einen Tag die Woche. So bleibt noch reichlich Zeit für operative Aufgaben.

◀ **EINEN ZEITPLAN AUFSTELLEN**
Indem Sie für die Erarbeitung Ihrer Strategie einen Zeitplan aufstellen, sind Sie gezwungen, langfristig zu denken. Halten Sie sich an diesen Zeitplan, und lassen Sie sich nicht ablenken.

STRATEGISCH VORGEHEN

Reservieren Sie einen Tag pro Monat, um mit dem Team über die Aufrechterhaltung und Weiterentwicklung Ihres Plans zu diskutieren. Erfolgreiche Geschäftsleute setzen mindestens einen halben Tag pro Woche an, um den strategischen Teil ihrer Arbeit in die Praxis umzusetzen. Sie sprechen regelmäßig mit Kunden und überprüfen die Aufgabenverteilung im Team. Aktualisieren Sie Ihre Strategie regelmäßig und stellen Sie sicher, dass das Team engagiert und konzentriert bei der Sache bleibt.

10 Machen Sie sich Gedanken über die langfristigen Auswirkungen von Tagesentscheidungen.

VORAUSSETZUNGEN FÜR DEN ERFOLG

Eine effektive Strategieplanung beruht auf exakten Informationen, überzeugenden Ideen und dem Engagement aller Mitarbeiter. Beteiligen Sie von Anfang an die richtigen Leute an Ihrem Projekt. Ermutigen Sie sie zu kreativer Mitarbeit.

11 Definieren Sie praxisnahe und realisierbare Planungsschritte.

WICHTIGE FRAGEN

- **F** Wird dieser Mensch gut mit der übrigen Gruppe zusammenarbeiten?
- **F** Benötige ich ihr oder sein Engagement zur vollständigen und erfolgreichen Umsetzung des Plans?
- **F** Werden für diesen Plan Menschen mit besonderem Fachwissen benötigt?

MITARBEITER IN SCHLÜSSELPOSITIONEN BETEILIGEN

Ein effektiv arbeitendes Team ist entscheidend für den Erfolg der Strategie. Beziehen Sie bereits möglichst früh die gesamte Gruppe in die Planung mit ein, damit alle sich am Vorgang beteiligt fühlen. Mitunter vermeiden Führungskräfte in dieser Phase die Planung in der Gruppe, weil sie nicht sicher sind, dass alle Beteiligten später eine wichtige Aufgabe bei der Umsetzung der Strategie übernehmen werden. Trotzdem ist die Planung im Team sinnvoll: Sie lernen die Angehörigen der Gruppe kennen, während diese gleichzeitig herausfinden können, ob sie gern im Rahmen der neuen Strategie arbeiten möchten.

DAS TEAM EINSCHÄTZEN
Indem Sie die wichtigsten Gruppenangehörigen von Anfang an an der Strategieplanung beteiligen, können Sie deren Fähigkeiten abschätzen.

WER SIND DIE WICHTIGSTEN STAKEHOLDER?

Laden Sie auf jeden Fall die wichtigsten Stakeholder zu den entsprechenden Planungssitzungen ein.

AUSSEN STEHENDE BETEILIGEN

Menschen, die ein besonderes Interesse an der neuen Strategie haben oder sie beeinflussen können, nennt man »Stakeholder«. Pflegen Sie gute Beziehungen zu ihnen, denn oft liefern sie nützliche Informationen oder Erfahrungen. Oft macht es die Strategieplanung erforderlich, dass Menschen aus ganz verschiedenen Bereichen der Organisation gemeinsam einen Plan ausarbeiten. Je intensiver sich Mitarbeiter in Schlüsselpositionen am Prozess beteiligt fühlen, desto wahrscheinlicher ist es, dass sie den Plan unterstützen. Hüten Sie sich jedoch davor, zu viele Leute zu beteiligen, weil dies den ganzen Vorgang verlangsamt.

DIE VORGESETZTE ...
... sorgt dafür, dass der neue Plan mit anderen Strategien innerhalb der Organisation übereinstimmt.

DER EXPERTE ...
... vermittelt Spezialwissen oder zeigt weiterführende Möglichkeiten der Planung auf.

DIE GELDGEBERIN ...
... unterstützt die Strategie durch Bereitstellung von finanziellen Mitteln oder Budgets.

DER HAUPTKUNDE ODER -LIEFERANT ...
... liefert wertvolle Informationen über den künftigen Bedarf und die Zukunftsaussichten.

DAS TEAM ...
... ist angewiesen auf die Unterstützung von Stakeholdern inner- und außerhalb der Organisation.

12 Verändern Sie ggf. die Zusammensetzung der Gruppe, um sie zu stärken.

ENGAGEMENT FÖRDERN

Wenn Sie Ihre Strategie entwickelt haben, ist es wesentlich, dass das Team in der Umsetzungsphase nicht das Interesse verliert. Als Führungskraft müssen Sie sicher stellen, dass alle verstehen, wie wichtig die langfristig angelegte Strategie ist, und sich für ihre Umsetzung einsetzen. Erstens sollten alle sich einig sein, dass eine neue Strategie erforderlich ist. Zweitens sollte jeder, der am strategischen Prozess beteiligt ist, überzeugt sein, dass – unter Führung des Vorgesetzten – der richtige Plan entwickelt wurde. Drittens müssen alle sich persönlich der Umsetzung des Plans verpflichtet fühlen. Die Hektik des Tagesgeschäfts ist keine Entschuldigung für ein Vernachlässigen der Strategie.

13 Sorgen Sie dafür, dass die Gruppe sich der Umsetzung des Plans verpflichtet fühlt.

14 Hüten Sie sich davor, Schlussfolgerungen zu ziehen, ehe Sie alle Fakten kennen.

NICHT VERGESSEN

- Seien Sie offen für Vorschläge.
- Ihr eigenes Engagement für die Strategie kann anderen als Vorbild dienen.
- Das Team sollte zur Überprüfung der Daten und Fakten angehalten werden.
- Brainstorming gehört von Anfang an dazu und hört im gesamten strategischen Prozess niemals auf.

DIE RICHTIGEN DATEN SAMMELN

Irgendwann werden Sie aufhören müssen, Daten zu sammeln, damit Sie weiterkommen, selbst wenn Sie noch nicht alles haben, was Sie brauchen. Kümmern Sie sich um ein möglicherweise noch nicht gelöstes Problem zu einem späteren Zeitpunkt. Es lässt sich nicht genug betonen, wie wichtig es ist, dass Ihre Strategie auf den richtigen Informationen beruht. Unzulängliche Daten können zu einer krisenartigen Situation führen, wenn die tatsächlichen Fakten ans Licht kommen, so dass die gesamte Planung umgestoßen werden muss.

VERMEIDEN SIE VERMUTUNGEN

Erfolgreiche Strategien müssen eine solide Faktengrundlage haben. Sich auf Vermutungen oder Schätzungen zu verlassen, kann dazu führen, dass die Strategie scheitert. Wo es an Daten mangelt, behalten Sie die verschiedenen Möglichkeiten im Blick, die zum Ausgangspunkt Ihrer Entscheidung werden, sobald relevante Informationen zur Verfügung stehen.

15 Halten Sie sich nicht zu lange auf – übergründliche Analyse kann lähmend wirken.

PER BRAINSTORMING IDEEN SAMMELN

Die Entwicklung neuer Ideen ist von überragender Bedeutung bei der Strategieplanung. Während des gesamten strategischen Prozesses sollten Sie sich regelmäßig mit Ihrem Team zusammensetzen, um per Brainstorming neue Ideen zu entwickeln. Schreiben Sie eine Reihe von Ideen in beliebiger Reihenfolge auf, beispielsweise auf einem Flipchart, arbeiten Sie diese Einfälle aus, und fassen Sie sie dann zu Gruppen zusammen. Die fertige Liste wird Teil des Plans, auch wenn es noch länger dauert, die endgültige Planung zu erarbeiten.

16 Geben Sie jedem Sitzungsteilnehmer Gelegenheit, seine Ansichten zu äußern.

KREATIVITÄT FÖRDERN

Um ein Brainstorming optimal zu nutzen, sollten Sie eine angenehme und entspannte Atmosphäre schaffen, in der alle ungezwungen ihre Ideen äußern können. Die Sitzordnung sollte informell sein, ohne Tische.

Angehörige der Arbeitsgruppe halten abwechselnd Ideen auf dem Flipchart fest.

Gruppenleiterin äußert Meinungen, beherrscht jedoch die Debatte nicht.

Angehöriger des Teams fühlt sich zu einer spontanen Äußerung ermutigt.

Teamangehörige hört zu und beteiligt sich, ohne Notizen zu machen.

VORWÄRTS BLICKEN

In einer Welt, die sich ständig verändert, ist kontinuierliches strategisches Denken von wesentlicher Bedeutung, wenn Sie mit Ihrem Geschäft eine Gewinnposition halten wollen. Nehmen Sie Veränderungen vorweg, anstatt lediglich darauf zu reagieren.

17 Denken Sie daran, dass der Planungsvorgang nie beendet ist.

18 Zögern Sie nie, Ihre Pläne den veränderten Umständen anzupassen.

ENTSCHEIDUNGEN ÜBERPRÜFEN

Der Markt steht nicht still, ebensowenig die Konkurrenz. Produkte oder Dienstleistungen, die Ihre Kunden lange Zeit als befriedigend angesehen haben, könnten in der Zukunft weniger positive Resonanz finden. Ganze Organisationen sind davon überrascht worden, dass ein Produktmerkmal, das ein Mitbewerber neu eingeführt hatte, von den Verbrauchern begeistert aufgenommen wurde. Solche Veränderungen am Markt müssen Sie aufgreifen und schnell und positiv darauf reagieren – wenn Sie sie nicht schon vorausgeahnt haben. Vor allen Dingen aber sollten Sie der proaktive Spieler sein, der als Erster ein neues Element ins Spiel bringt, anstatt nur darauf zu reagieren.

LASSEN SIE SICH NICHT TREIBEN

Diese Darstellung verdeutlicht, wie es dem proaktiven Team durch Antizipieren von Veränderungen gelingt, dem Kunden das anzubieten, was er sich wünscht, bevor er danach fragt. Das reaktive Team liegt immer einen Schritt zurück.

Das proaktive Team nimmt Veränderungen vorweg und leitet frühzeitig Schritte ein, um den zukünftigen Bedarf seiner Kunden zu erfüllen.

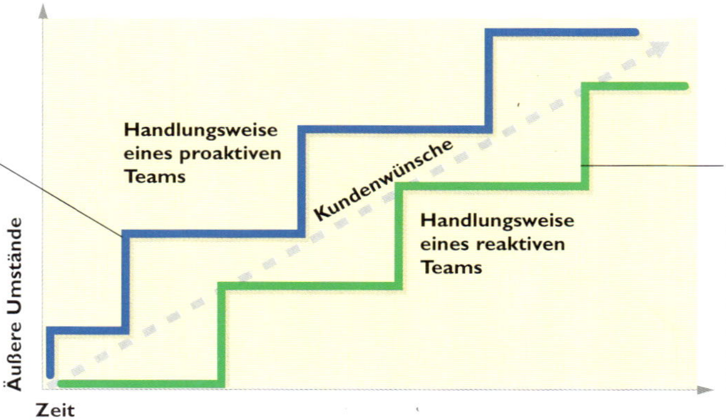

Das reaktive Team reagiert auf Veränderungen und muss dabei feststellen, dass es ihm lediglich gelingt, den Bedürfnissen der Kunden hinterherzulaufen.

▲ **KUNDENWÜNSCHE ERKENNEN**
Treffen Sie sich mit Kunden, um herauszufinden, was von Ihnen erwartet wird, und führen Sie Marktforschungen durch. Beides hilft Ihnen, die künftigen Bedürfnisse Ihrer Kunden zu prognostizieren.

FALLSTRICKE VERMEIDEN

Teams, die ohne eine Strategie operieren, stellen fest, dass sie ständig darum kämpfen, verlorenen Boden gutzumachen. Z.B. mögen Kunden sich darüber beklagen, dass einem Produkt ein Merkmal fehlt. Sie geben also eine Sonderbestellung auf, um dem Kundenwunsch so nahe wie möglich zu kommen. Dann wird Ihre Sonderleistung von einem Mitbewerber als Standard angeboten, was Ihnen Verluste einbringt. Die Kriterien für die Kaufentscheidungen Ihrer Kunden haben sich schlicht verändert, seit Sie Ihre ursprüngliche Strategieplanung entwarfen.

19 Denken Sie das Undenkbare: Sie können es in die Tat umsetzen.

20 Gehen Sie nie davon aus, dass Sie wissen, was andere denken. Fragen Sie nach – immer.

AN DER SPITZE BLEIBEN

Um in der Zukunft erfolgreich zu sein, ist es nötig, jetzt Zeit und Mühe auf die Prognose dessen zu verwenden, was Ihre Kunden künftig wollen, und dann den Markt dahin zu führen, dass er diese Sicht Ihrer Kunden übernimmt. Nutzen Sie die Informationen, die Ihr Team von Verkaufs- und Kundendienstmitarbeitern erhält, die im direkten Kontakt mit den Kunden stehen, um einen Schritt voraus zu sein, und arbeiten Sie dann daran, diesen Vorsprung zu halten. Besonders effektive Teams setzen Innovationen ein, um ihren Marktvorsprung gegenüber der Konkurrenz zu halten.

DIE EIGENE POSITION

Analysieren Sie Umwelteinflüsse, Kunden, Mitbewerber und interne Kapazitäten, bevor Sie einen strategischen Plan aufstellen. Machen Sie sich Ihre Möglichkeiten klar.

EINFLUSSFAKTOREN

Setzen Sie sich mit der wirtschaftlichen und gesetzlichen Situation sowie technischen Entwicklungen auseinander, die einen Bezug zu Ihrer Organisation haben, um neue Markttendenzen zu erkennen, die Ihre Planung beeinflussen könnten.

21 Nutzen Sie die Analyse, um zu soliden Entscheidungen zu gelangen.

WICHTIGE FRAGEN

F Wie stark ist unsere Landeswährung, und kann das Auswirkungen auf unser Exportgeschäft haben?

F Vertritt unsere Organisation einen klaren Standpunkt in Umweltfragen? Wenn ja, was bedeutet das für mein Team?

F Steht zu erwarten, dass die Benzinpreise unsere Profite verringern?

DIE WIRTSCHAFTLICHE SITUATION BETRACHTEN

Die meisten Strategien sind bis zu einem gewissen Grad davon abhängig, was in der lokalen und globalen Wirtschaft geschieht. Halten Sie zunächst Ausschau nach Aspekten, die schwer wiegende Auswirkungen haben könnten. Wenn Sie z.B. Produkte oder Dienstleistungen für Touristen anbieten, wollen Sie natürlich über die präzisesten Prognosen für die Tourismusentwicklung in Ihrer Region im Bilde sein. Notieren Sie sich, wie der Trend aussieht, und verwenden Sie diese Information, wenn Sie später Budgets aufstellen.

DIE TECHNISCHE ENTWICKLUNG VERFOLGEN

Das dramatische Tempo des technologischen Wandels hat auf die meisten Firmen einen gewaltigen Einfluss ausgeübt. Das Verschmelzen von Kommunikationstechnik und elektronischer Datenverarbeitung verändert unaufhaltsam unser aller Arbeitsplätze. Diskutieren Sie bei Ihren Planungssitzungen die relevanten technischen Entwicklungen. Wenn nötig, wenden Sie sich an einen Experten oder machen sich mit Berichten von Analysten vertraut. Bitten Sie jemanden aus der Arbeitsgruppe, die entsprechenden Fachzeitschriften zu lesen und die Kollegen regelmäßig kurz, aber präzise auf dem Laufenden zu halten.

DIE FRAGE: »UND WAS WEITER?«

Die Analyse der eigenen Position wird eine Unmenge von Daten erbringen. Sie können die Datenmenge handlicher und übersichtlicher gestalten, indem Sie sich die Frage »Und was weiter?« stellen. Ist die Antwort: »Nichts weiter«, dann hat diese Information keine Bedeutung für Ihre Strategie. Ignorieren Sie sie.

22 Lesen Sie viel, um über neue Trends und Ideen auf dem Laufenden zu sein.

GESETZLICHE UND POLITISCHE VERÄNDERUNGEN VERSTEHEN

Eine zunehmende Zahl von Organisationen muss innerhalb eines stark reglementierten gesetzlichen Rahmens arbeiten. Daher ist es von großer Bedeutung, die Vorschriften und Spielregeln genau zu verstehen. In jedem Fall unterliegen Sie dem geltenden Arbeitsrecht, das Auswirkungen auf Ihre Strategieplanung haben kann. Möglicherweise müssen dem Team Unterlagen über interne Strategien zur Verfügung gestellt werden, oder vielleicht müssen Sie einen Anwalt bitten, Ihnen bei der Datensammlung behilflich zu sein. Wenn Sie nicht sicher sind, welche Daten Sie benötigen, ermitteln Sie die verschiedenen Möglichkeiten im Brainstorming mit dem Team.

Ein Fachanwalt für Arbeitsrecht gibt Rat zum Thema Kündigungsschutz.

MIT EXPERTEN SPRECHEN

Bitten Sie Experten zu Auswirkungen gesetzlicher Veränderungen um Rat.

KUNDENWÜNSCHE VERSTEHEN

Die treibende Kraft hinter jeder Planung sind die Ansprüche Ihrer Kunden. Analysieren Sie, warum Ihre Kunden bei Ihnen kaufen. Ordnen Sie dann die Kundenbedürfnisse nach ihrer Priorität für die Strategie ein.

23 Betrachten Sie die Dienstleistung, die Sie anbieten, aus der Sicht der Kunden.

24 Das Team sollte die Leistungserfüllung Ihrer Organisation mit Kunden besprechen.

KAUFKRITERIEN ERMITTELN

Kunden handeln Produkte oder Dienstleistungen zu einem bestimmten Preis ein, den sie bereit sind dafür zu zahlen. Außerdem beurteilen sie die Qualität ihrer Beziehung zu den Firmenvertretern und ob die Abwicklung des Geschäfts für sie als Kunden zufrieden stellend verläuft. Um Kundenloyalität zu erreichen, müssen Sie verstehen, welche Kriterien für Kaufentscheidungen maßgebend sind. Bitten Sie Mitarbeiter aus Ihrer Organisation, die direkt mit Kunden zu tun haben, um entsprechenden Input.

DIE IDEALVORSTELLUNG

Finden Sie bei einem Meeting oder telefonisch heraus, was Ihre Kunden in vier Hauptbereichen für das ideale Angebot halten: Produkt, Prozess, Personen und Preis. Ein interner Kunde wird Ihnen beispielsweise sagen, warum er oder sie sich an einen externen Lieferanten wenden will, um Ihre Dienstleistungen zu ersetzen. Aus diesen Aspekten ergeben sich die Kaufkriterien. Sie fallen jeweils in einen der vier oben genannten Bereiche.

NICHT VERGESSEN

- Nicht alle Kunden haben die gleichen Wünsche und Erwartungen.
- Es mag unmöglich sein, die Idealvorstellung eines Kunden zu erreichen, aber sie zu kennen, hilft doch, ihr nahe zu kommen.
- Neue oder potenzielle Kunden sollten nicht übersehen werden.

KRITERIEN ORDNEN

Wenn Sie herausgefunden haben, welches die Kriterien Ihrer Kunden beim Einkauf sind, müssen Sie im nächsten Schritt entscheiden, welche dieser Kriterien besonders wichtig sind. Die Prioritäten, die Sie jetzt setzen, haben Auswirkungen auf die Entscheidungen, die Sie später im Planungsprozess fällen werden – im Hinblick auf Produkte, Prozesse, Personen und Preise. Sie wollen sich gewiss nicht intensiv mit Dingen auseinandersetzen, die für Ihre Kunden von untergeordneter Bedeutung sind. Sollte es sich innerhalb des Teams als schwierig erweisen, die Prioritäten in einem der Bereiche gemeinsam festzulegen, greifen Sie noch einmal auf Ihre Hauptkunden zurück und bitten sie um ihre Meinung.

25 Die tatsächlichen Bedürfnisse Ihrer Kunden müssen der Motor des Plans sein.

PRIORITÄTEN SETZEN

Weisen Sie die Kaufkriterien vier Schlüsselbereichen zu: Produkt, Prozess (wie Sie Ihre Kunden betreuen), Personen (das Profil derjenigen, die mit Ihren Kunden umgehen) und Preis. Schließlich weisen Sie den einzelnen Kriterien Prioritäten zu, indem Sie bewerten, wie wichtig das jeweilige Ideal den Kunden ist. Verwenden Sie dazu eine Skala von 1 bis 10: Je größer die Zahl, desto höher die Priorität.

	Kriterien	Ideal des Kunden	Priorität
PRODUKT	Qualität	Fehlerlos	7
	Einfache Handhabung	Keine besondere Schulung erforderlich	10
PROZESS	Einfache Bestellung	Schnelle Bestellung und Lieferung	8
	Verwaltung	Exakte Rechnungslegung	6
PERSONEN	Kenntnis der Produkte	Eine Person kann alle Fragen beantworten	3
	Kundenerfahrung	Fähigkeit, den Bedarf des Kunden zu beurteilen	4
PREIS	Wettbewerbsfähig	Preis so niedrig wie möglich	7
	Zahlungsbedingungen	Günstige Teilzahlungsbedingungen	6

Erstklassige Qualität wird als wichtiges Kriterium aufgelistet.

Von höchster Priorität ist es, ein Produkt zu liefern, dessen Handhabung einfach ist.

Als weniger wichtig (niedrige Priorität) gilt, dass eine einzelne Person alle anfallenden Rückfragen beantworten kann.

DIE KONKURRENZ

Die Berücksichtigung von Kundenwünschen führt nur dann zum Erfolg, wenn Ihre Performance die Ihrer Mitbewerber übertrifft. Analysieren Sie daher auch das Leistungsvermögen Ihrer Mitbewerber, um Chancen und Risiken zu prüfen.

26 Lernen Sie aus den Misserfolgen Ihrer Konkurrenten ebenso wie aus den Erfolgen.

27 Setzen Sie die Konkurrenzanalyse ein, um Teamgeist aufzubauen.

MITBEWERBER UNTER DIE LUPE NEHMEN

Wenn Sie viele Mitbewerber haben, wählen Sie für Ihre Analyse einige Hauptkandidaten aus. Beschaffen Sie sich Broschüren und Werbematerial von der Konkurrenz, um festzustellen, was dort als Stärke betrachtet wird und wie man diese Stärken den Kunden präsentiert. Erstellen Sie eine Übersicht, aus der hervorgeht, wie gut Ihre Mitbewerber die Kundenkriterien erfüllen. So können Sie feststellen, wo die Konkurrenz dem Ideal der Kunden näher kommt als Sie.

GRÜNDLICH ANALYSIEREN

Ergreifen Sie keinerlei Maßnahmen, ehe Sie in die Planungsphase eintreten. Dann erst verwenden Sie Ihre Ergebnisse, um die richtigen strategischen Entscheidungen zu fällen.

Teamangehörige prüft Broschüren der Konkurrenz.

Gruppenleiter verhindert vorschnelles Handeln.

Kollegin unterstreicht Schwäche eines Konkurrenten.

Angehöriger der Arbeitsgruppe erkennt eine Chance und beschließt, sie später zu nutzen.

KULTURELLE UNTERSCHIEDE

Amerikaner akzeptieren neue technologische Möglichkeiten schneller als Europäer. Das mag einen Wettbewerbsvorteil gegenüber der Konkurrenz in Europa bedeuten, aber auch, dass Sie bei der Vermarktung einer neuen Technologie in Europa den amerikanischen Markt nicht als Bezugsgröße heranziehen dürfen.

ZUKÜNFTIGE ENTWICKLUNGEN

Die meisten Organisationen sehen ihre aktuellen Konkurrenten in den Anbietern ähnlicher Produkte oder Dienstleistungen. Doch in der Zukunft mag jemand ganz andere Problemlösungen anbieten. Häufig gibt es mehr als eine Möglichkeit, Dinge zu tun. Denken Sie darüber nach, welchen Bedarf Ihre Kunden voraussichtlich in der Zukunft haben werden, und loten Sie alternative Möglichkeiten aus, diesen Bedarf zu decken. Vergessen Sie dabei nicht, dass Ihre Konkurrenten mit Sicherheit das Gleiche tun, und gehen Sie mit Ideen für neue Strategien streng vertraulich um.

CHANCEN ABSCHÄTZEN

Wenn Sie Ihre Wettbewerbsanalyse abgeschlossen haben, können Sie sehen, wo die Hauptunterschiede zwischen Ihnen und Ihren Konkurrenten liegen: Wem gelingt es besser, die Prioritätskriterien der Kunden zu erfüllen? Dort, wo Sie den Idealen deutlich näher kommen als Ihre Mitbewerber, wird sich im späteren Planungsprozess möglicherweise eine Chance bieten, diesen Umstand auszunutzen, damit Sie mehr Produkte und Dienstleistungen verkaufen können.

28 Bewahren Sie Informationen über die Vorgehensweise Ihrer Mitbewerber auf.

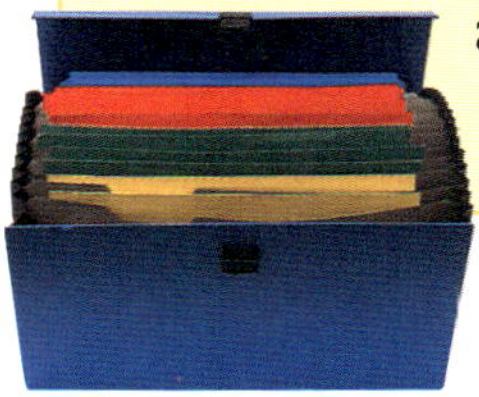

GEFAHREN UND RISIKEN

Wo Vorgehensweise und Leistungsfähigkeit ähnlich sind, werden die Kunden keinen besonderen Vorteil darin sehen, bei Ihnen zu kaufen und nicht bei einem Mitbewerber. Wo Ihr Konkurrent hingegen deutlich im Vorteil ist, werden Sie diese Gefahr für Ihren Erfolg vermutlich verringern wollen, wenn es später darum geht, Entscheidungen zu fällen. Denken Sie dabei über die ganze Bandbreite der Möglichkeiten nach.

29 Berücksichtigen Sie in Ihrem Plan stets auch die möglichen Risiken.

DIE EIGENEN KAPAZITÄTEN EINSCHÄTZEN

Sie sollten stets im Rahmen Ihres Leistungsvermögens planen. Von Schwachstellen sollten Sie sich in Ihrer Strategieplanung nicht zu sehr einschränken lassen, sondern verbesserungswürdige Bereiche vormerken und sie später in den Plan einbeziehen.

30 Denken Sie daran, dass kein Geschäftsvorgang ewig dauert.

31 In einer sich verändernden Umwelt muss sich jeder ständig weiterbilden.

INTERNE GESCHÄFTSVORGÄNGE UNTERSUCHEN

Wenn Sie Ihre Kunden beeindrucken wollen, müssen Ihre Geschäftsvorgänge effizient sein. Untersuchen Sie alle Abläufe genau, und merken Sie sich diejenigen vor, die verbessert werden müssen. Z.B. sollte der Vorgang überprüft werden, mit dessen Hilfe Sie Bestellungen entgegennehmen und bestätigen. Achten Sie besonders auf Doppelungen, Diskrepanzen und Bereiche, in denen häufig Beschwerden auftreten.

ZUGANG ZU INFORMATIONEN

Untersuchen Sie, wie gut Ihre Informationssysteme (auch die elektronischen) Ihre Mitarbeiter mit den richtigen Informationen in der richtigen Form zum richtigen Zeitpunkt versorgen. Bitten Sie Angehörige des Teams, Beispiele zu notieren, wann ihre Arbeit sich verzögerte, weil sie wertvolle Zeit auf die Jagd nach Informationen verwenden mussten. Möglicherweise werden Sie ein Brainstorming durchführen, um eine umfassende Liste solcher Informationslücken zu erstellen.

WICHTIGE FRAGEN

- **F** Kann ich die Antworten auf Fragen meiner Kunden problemlos finden, wenn ich sie nicht schon kenne?
- **F** Muss ich Informationen, die ich erhalte, regelmäßig korrigieren?
- **F** Kommt es vor, dass ich jemanden bitten muss zu warten, weil eine bestimmte Information noch nicht zur Verfügung steht?

DIE FÄHIGKEITEN DES TEAMS ÜBERPRÜFEN

Bitten Sie Ihre Mitarbeiter, über ihre Stärken und Schwächen zu sprechen: Wie gut gelingt es ihnen, Kundenwünsche zu erfüllen? Versuchen Sie, Ihren Mitarbeitern ein positives Gefühl hinsichtlich des anstehenden Planungsvorgangs zu vermitteln. Immerhin diskutieren Sie darüber, eine neue Strategie zu formulieren, die dem Team in der Zukunft größeren Erfolg und mehr Chancen bringen wird. Überprüfen Sie die Ihnen zur Verfügung stehenden Mittel, damit Sie sicher sein können, dass nichts Sie davon abhält, Ihren Kunden erstklassigen Service zu liefern.

TEAMGEIST

Wenn es darum geht, die Stärken und Schwächen des Teams in einem offenen Gespräch einzuschätzen, sollten Sie sicher stellen, dass alle sich wohl fühlen.

DAS INTERNE LEISTUNGSVERMÖGEN

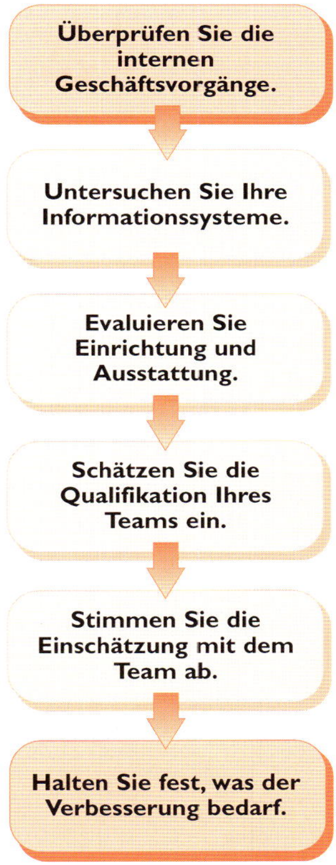

STÄRKEN UND SCHWÄCHEN DISKUTIEREN

Nicht alle Menschen sind selbstsicher genug, um offen über ihre Stärken und Schwächen zu reden. Sprechen Sie zunächst die Stärken aller Mitarbeiter an. Danach fällt es leichter, über Verbesserungswürdiges zu sprechen, besonders wenn Sie positive Fragen stellen:

„Wie hat sich Ihre Tätigkeit verändert, seit Sie hier arbeiten?"

„Bieten wir genug Fortbildungsmöglichkeiten an?"

„Wie könnten wir alle unsere Performance verbessern?"

„Gibt es Situationen, in denen Sie nicht wissen, was Sie tun sollen?"

DIE ERGEBNISSE

Es ist wichtig, diejenigen Ergebnisse der Analyse auszuwählen, die sich am stärksten auf Ihre Strategie auswirken, und sie in einer Zusammenfassung zu dokumentieren. Dies ist der Ausgangspunkt für die Planung.

32 Vergewissern Sie sich, dass das Team Sinn und Zweck der Zusammenfassung versteht.

33 Setzen Sie eine kurze SWOT-Analyse ein, um Probleme aus dem Weg zu räumen.

EINE SWOT-ZUSAMMENFASSUNG ERSTELLEN

Fassen Sie die Masse an Informationen, die Sie während der Analyse gesammelt haben, mit Hilfe einer SWOT-Matrix zu einer übersichtlichen Darstellung zusammen. SWOT ist die Abkürzung der Wörter Strengths (Stärken), Weaknesses (Schwächen), Opportunities (Chancen) und Threats (Gefahren und Risiken). Die SWOT-Zusammenfassung ist eine strukturierende Übung: Sie hilft, die Ansichten des Teams zu klären, sie dient als starker »Antriebsmotor« für die Planung und sie bietet eine Möglichkeit, den Fortschritt zu messen.

SWOT ERMITTELN
Das Schema unten schlägt Fragen vor, die Sie stellen können, um zu entscheiden, welche Schlüsselelemente aus Ihrer Analyse unter welche Überschriften gehören.

SWOT IHRES TEAMS

STÄRKEN
Wo liegen die besonderen Kompetenzen des Teams?

CHANCEN
Wie könnte das Team seine Verkaufszahlen steigern und den Service verbessern? Wo liegen die neuen Märkte?

SCHWÄCHEN
Wo mangelt es dem Team an Ressourcen oder Leistungsvermögen? Wo hat es Wettbewerbsnachteile?

RISIKEN
Wodurch könnten Ihre Produkte und Dienstleistungen zurückgeworfen werden? Welche Märkte verlieren an Wert?

KULTURELLE UNTERSCHIEDE

Geschäftsleute in Asien fürchten häufig, »das Gesicht zu verlieren«, wenn sie Mängel eingestehen, daher tendieren sie dazu, nicht so viele Schwächen aufzulisten. Die Briten konzentrieren sich zu sehr auf ihre Schwächen und übersehen dabei häufig ihre Stärken.

DOKUMENTATION

Wenn Sie Ihre Zusammenfassung erstellen, achten Sie darauf, dass die Stärken, die Sie ermittelt haben, Ihren Kunden wirklich nützen. Wenn Sie zwar hoch qualifizierte Mitarbeiter haben, aber keine festen Ansprechpartner, dann ist das eine Schwäche. Indem Sie Ihre Schwächen auflisten, finden Sie heraus, in welchen Schlüsselbereichen Sie Performance und Dienstleistungen verbessern könnten (was unter die Überschrift »Chancen« fällt). Als Gefahren und Risiken führen Sie Dinge auf, die sich, falls man sie ignoriert, nachteilig auf Ihre Erfolgschancen auswirken würden.

DIE ZUSAMMENFASSUNG ANDEREN VORLEGEN

Ehe Sie die Zusammenfassung als Basis für Ihre Strategieplanung nutzen, sollten Sie sie Ihren Stakeholdern zeigen, die so die Möglichkeit erhalten, auf Missverständnisse hinzuweisen oder auf Dinge, die bereits an anderer Stelle in der Organisation aufgegriffen werden. Es kann auch sinnvoll sein, die Zusammenfassung wichtigen Kunden vorzulegen. Vielleicht beschließen Sie, sensible Informationen aus der Zusammenfassung zu streichen, bevor Sie sie Ihren Kunden zeigen, aber denken Sie daran, dass die meisten Beziehungen von Offenheit profitieren. Wenn Sie nachher Ihre Strategie planen, gibt die Zusammenfassung Ihnen eine Reihe von Anstößen. Suchen Sie nach Wegen, Ihre Stärken zu nutzen, Ihre Schwächen zu überwinden, Ihre Chancen wahrzunehmen und Gefahren und Risiken zu vermeiden.

WICHTIGE FRAGEN

F Ist die Sprache der SWOT-Zusammenfassung klar, präzise und einfach?

F Habe ich mit genügend Stakeholdern über die Zusammenfassung gesprochen und sie mir so bestätigen lassen?

F Stimmt das Team geschlossen allen Punkten der Zusammenfassung zu?

▼ DIE SWOT-ZUSAMMENFASSUNG REVIDIEREN

Verwenden Sie die SWOT-Zusammenfassung als Hilfsmittel, um sich die Annahmen, die Ihrer Strategieplanung zu Grunde liegen, klar vor Augen zu führen. Denken Sie daran, dass die SWOT-Zusammenfassung regelmäßig überprüft und aktualisiert werden sollte, damit sie diese Funktion erfüllt.

Verwenden Sie SWOT als Ausgangspunkt für Ihre Strategie. → **Überprüfen Sie sie alle drei Monate.** → **Passen Sie die SWOT-Zusammenfassung der aktuellen Situation an.**

DIE STRATEGIE PLANEN

Nach der gründlichen Analyse ist es jetzt an der Zeit, eine Reihe von Entscheidungen zu treffen, welche die Grundlage für Veränderungen darstellen.

PHASEN DES PROZESSES

Ein strategischer Plan wird in Phasen formuliert, wobei Sie das Team und wichtige Stakeholder einbeziehen. Die Entscheidungen, die Sie bei jedem Schritt fällen, geben Ihrer Strategie eine Richtung, bevor die Umsetzung beginnt.

34 Bedenken Sie die Folgen einer Entscheidung, bevor Sie sich festlegen.

35 Gewinnen Sie die Unterstützung anderer für Ihren Plan.

PHASEN FESTLEGEN

Die erste Phase beim Aufbau einer Strategie besteht darin, Ihre Ziele zu definieren. Sobald Sie eine klare Richtungsvorgabe haben, können Sie entscheiden, wo Ihr Wettbewerbsvorteil liegt. Dann müssen Sie Grenzen setzen und Bereiche auswählen, auf die Sie sich konzentrieren wollen. Sie müssen entscheiden, welche Stakeholder Sie zu Rate ziehen wollen, und einen Zeitrahmen erarbeiten. Als Anhaltspunkt kann ein einfacher Plan vielleicht innerhalb weniger Tage ausgearbeitet werden, während ein komplexer Plan bis zu drei Monate erfordert.

DIE STRATEGIE IN PHASEN PLANEN

PHASE	FAKTOREN, DIE SIE BEDENKEN SOLLTEN
DEN ZWECK DEFINIEREN Verfassen Sie eine definitive Darstellung künftiger Ziele in Abstimmung mit Vorgesetzten, Teamangehörigen und Stakeholdern.	❁ Ihre Absichten müssen mit den strategischen Zielen anderer Abteilungen und Arbeitsgruppen innerhalb der Organisation zusammenpassen. ❁ Ihr Statement sollte kurz und klar gehalten sein und sich auf schlichte Absichtserklärungen beschränken.
VORTEILE ERMITTELN Definieren Sie kurz, warum Kunden eher bei Ihnen kaufen als anderswo.	❁ Andere Stakeholder, beispielsweise das Marketing-Team, können Ihnen vielleicht dabei helfen, Ihren Wettbewerbsvorteil zu ermitteln. ❁ Die Vorteile müssen von Dauer sein, weil eine Strategie auf lange Sicht geplant wird.
GRENZEN SETZEN Listen Sie diejenigen Produkte und Märkte auf, mit denen Sie Handel treiben werden, und diejenigen, für die das definitiv nicht gilt.	❁ Zu viele Grenzziehungen machen das Team unflexibel; zu wenige halten es davon ab, konzentriert auf ein Ziel hinzuarbeiten. ❁ Falls Angehörige des Teams besondere Lieblingsprojekte haben, sollten sie das jetzt sagen.
SCHWERPUNKTE WÄHLEN Benennen Sie Produkte und Märkte, die einen erhöhten Zeit- und Mitteleinsatz rechtfertigen.	❁ Produkte, Dienstleistungen, Märkte und Kunden in Gruppen zu unterteilen, hilft dabei, Prioritäten zu setzen. ❁ Schwerpunkte müssen regelmäßig überprüft werden, je nach veränderten Umständen.
EIN BUDGET ABSCHÄTZEN Schätzen Sie ab, was es kostet, den Produktmärkten Ressourcen zuzuweisen; kalkulieren Sie Profite.	❁ In Firmen mit einem Standardvorgang für die Budgetierung sollten Sie Experten beteiligen. ❁ Andere Stakeholder werden unter Umständen benötigt, um Informationen für Kostenschätzungen zu liefern.

36 Überprüfen und aktualisieren Sie Ihre Entscheidungen regelmäßig.

DIE STRATEGIE ABGLEICHEN

Am Ende der Strategieplanung listen Sie die Schlüsselkriterien der neuen Strategie in Form einer schematischen Darstellung auf, die auch »Business Case Template« genannt wird. Sie dient dazu, herauszufinden, ob bestimmte Maßnahmen zur Strategie passen oder nicht. Wenn beispielsweise ein Kriterium darin besteht, die Zahl der Servicemitarbeiter so gering wie möglich zu halten, würde die Idee für ein neues Produkt, das mit einem hohen Serviceaufwand verbunden ist, dem Schema nicht entsprechen.

ZWECKE DEFINIEREN

Definieren Sie die Ziele Ihres Teams sowohl in Bezug auf Ihre Organisation als auch auf die Geschäftswelt insgesamt, und einigen Sie sich auf eine Zweckerklärung, die Ihnen hilft, bei der Entwicklung Ihres Plans auf das Wesentliche konzentriert vorzugehen.

37 Stellen Sie sicher, dass Ihr Team in der Lage ist, seine Zweckbestimmung zu erläutern.

38 Ihre Absichten müssen mit denjenigen der ganzen Firma übereinstimmen.

ZIELSETZUNGEN FORMULIEREN

Wenn Ihr Vorgesetzter Sie gebeten hat, die Strategieplanung einzuleiten, kann es sein, dass man Ihnen von Anfang an klare Ziele gesteckt hat. Wenn Sie die Strategie für sich selbst entwickeln, dann definieren Sie Ihre Ziele am besten, indem Sie mit anderen darüber sprechen. Überdenken Sie die Formulierungen, die Sie verwenden, sorgfältig.

ANDERE AN DER ZWECKDEFINITION BETEILIGEN

LEITENDER ANGESTELLTER
Als Führungskraft haben Sie die Gesamtverantwortung dafür, die Entscheidung über die Zielsetzung Ihres Teams zu fällen, doch es ist wichtig, dass Sie Ihre Ziele mit Kollegen in der ganzen Organisation besprechen, um zu klären, welche Richtung Sie einschlagen sollen.

VORGESETZTE
Sprechen Sie mit Vorgesetzten über Ihre Ziele, weil sie darauf achten müssen, dass der Zweck Ihrer Strategie mit den Absichten der ganzen Firma übereinstimmt.

STAKEHOLDER
Lassen Sie sich von Stakeholdern bei der Formulierung Ihrer Ziele helfen. Stakeholder können möglicherweise wertvolle Vorschläge zur richtigen Zielsetzung der Strategie machen.

ANGEHÖRIGE DES TEAMS
Bitten Sie Teamangehörige um ihre Zustimmung zur endgültigen Definition Ihrer Ziele, wobei Sie alle Vorschläge von Vorgesetzten oder Stakeholdern berücksichtigen.

39 Sprechen Sie Ihre Ziele mit anderen Arbeitsgruppen durch.

ZIELE MIT KOLLEGEN DISKUTIEREN

Arbeitsgruppen gehören einer Organisation an und müssen, um effektiv operieren zu können, gute Kontakte zu anderen Teams pflegen. Vergewissern Sie sich, dass Ihr Team versteht, inwieweit seine Strategie mit den Strategien anderer Arbeitsgruppen innerhalb der Organisation übereinstimmt, und dass es die Zielsetzung von bereichsübergreifenden Teams, mit denen es zu tun hat, richtig einschätzt. Es ist Ihre Aufgabe, über die Zielsetzung Ihres Teams zu informieren.

EINE ABSICHTSERKLÄRUNG VERFASSEN

Bitten Sie Ihr Team um eine einfache Definition dessen, was es in welchen Märkten verkaufen wird. Lassen Sie sich nicht verführen, eine »Grundsatzerklärung« zu verfassen, die meist lang und unpräzise ist. Ihr Team sollte stattdessen ein klares und prägnantes Statement abfassen, das auf den soliden Fakten beruht, die über Kunden und Mitbewerber gesammelt wurden.

40 Halten Sie Ihre Absichtserklärungen kurz, prägnant und handlungsorientiert.

Wir bieten landesweit Lehrgänge für Leiter von Callcentern an.

ABSICHTSERKLÄRUNGEN STARK MACHEN

SCHWACH	FRAGEN DAZU	STARK
»Wir werden uns darauf konzentrieren, unsere große Erfahrung im Lebensmittelbereich zu nutzen.«	Werden Sie nur Produkte verkaufen? Wo wollen Sie sie verkaufen?	»Wir werden in den ersten beiden Jahren unserer Auslandsaktivitäten Produkte und Dienstleistungen aus dem Lebensmittelbereich auf dem US-Markt anbieten.«
»Wir werden innerhalb der Firma ein IT-Kompetenzzentrum schaffen.«	Wo und wer sind Ihre Kunden? Was wollen Sie für sie tun?	»Wir werden Computerhardware, -software und Anwendersysteme an alle Abteilungen in der Hauptstelle liefern.«

WETTBEWERBSVORTEILE BESTIMMEN

Was immer Ihr Team oder Ihre Organisation von anderen unterscheidet, bildet das Rückgrat Ihrer Strategie. Formulieren Sie daher ein Statement, das diese dauerhaften Wettbewerbsvorteile zusammenfasst.

41 Wer gestern gewonnen hat, ist nicht unbedingt der Gewinner von morgen.

DIE ÜBERPRÜFUNG

Um einen auf Dauer angelegten Wettbewerbsvorteil klar herauszuarbeiten, überprüfen Sie zunächst die Ergebnisse aus den ersten drei Analysephasen. Betrachten Sie die Trends, die Sie bei Ihrer Konkurrenzanalyse ausgemacht haben, um festzustellen, wo Sie im Hinblick auf Produkte oder Märkte vorn liegen. Dann listen Sie alle Stärken auf, die Ihnen bei der Kundenanalyse bewusst geworden sind. Schließlich führen Sie auf, was Ihrer internen Prüfung zufolge Ihr Leistungsvermögen ausmacht. Um als echter Vorteil zu gelten, muss der Kunde eine Stärke auch als solche sehen.

42 Vergewissern Sie sich, dass Ihr Kunde das, was Sie für einen Vorteil halten, auch so sieht.

MEINUNGEN
Fragen Sie Kunden, wo Sie ihrer Ansicht nach gegenüber der Konkurrenz im Vorteil sind. Kunden und Lieferanten haben eine objektive Meinung und äußern möglicherweise interessante Vorschläge oder Einsichten.

DIE ANALYSE ZUSAMMENFASSEN

Betrachten Sie Ihre Wettbewerbsanalyse. Wenn Ihre Performance nicht besser ist als die der Konkurrenz, fragen Sie sich, warum Ihre Kunden nicht zu einem Mitbewerber gewechselt sind. Die Antwort zeigt, wo Ihr Vorteil wirklich liegt. Falls Ihr Team interne Kunden beliefert, überlegen Sie, wie Sie bei einer internen Leistungsprüfung argumentieren würden. Das Statement über Ihren Wettbewerbsvorteil sollte Ihnen helfen zu verstehen, wie Sie sich gegen die Konkurrenz durchsetzen können.

WICHTIGE FRAGEN

- F Ist unser Statement hinsichtlich des Wettbewerbsvorteils nützlich bei der Gestaltung unseres Angebots?
- F Bringt uns jeder Vorteil für sich genommen bereits einen Vorsprung?
- F Würden unsere Hauptkunden dem Statement zustimmen?
- F Greift unsere Werbung diesen Vorteil auf?

43 Wenn Sie einen Vorteil erkannt haben, machen Sie sich ihn zu Nutze.

DIE ANALYSE NUTZBRINGEND EINSETZEN

Eine systematische Durchsicht Ihrer Analyse ermöglicht Ihnen, Wettbewerbsvorteile festzulegen.

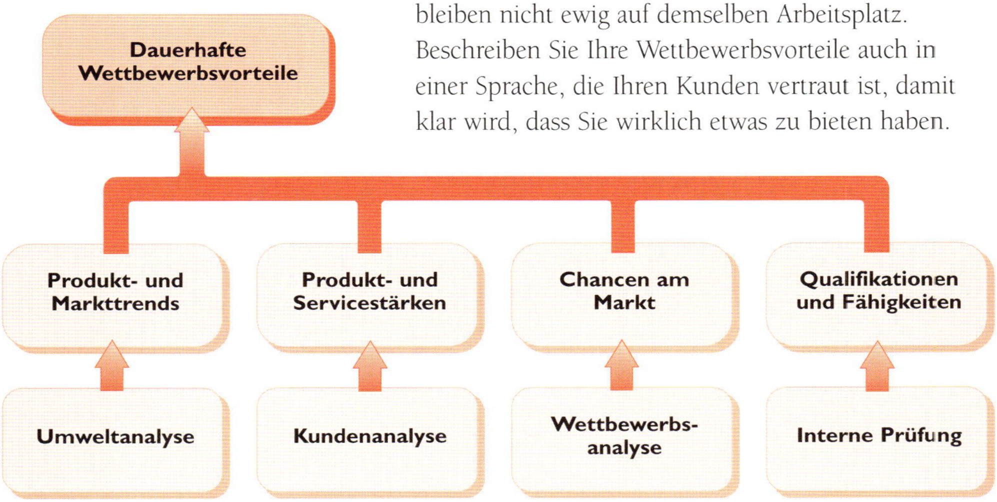

DAUERHAFTE WETTBEWERBSVORTEILE

Es hat wenig Sinn, wenn das Team sich auf einen Vorteil einigt, der in naher Zukunft verloren gehen wird. Jeder Wettbewerbsvorteil sollte potenziell zumindest bis in das zweite Planungsjahr bestehen bleiben. Es ist ausgesprochen gefährlich für Firmen, sich auf Slogans zu verlassen wie: »Unsere Mitarbeiter sind unser größter Wettbewerbsvorteil«. Eine solche Aussage macht sie verwundbar, denn Angestellte bleiben nicht ewig auf demselben Arbeitsplatz. Beschreiben Sie Ihre Wettbewerbsvorteile auch in einer Sprache, die Ihren Kunden vertraut ist, damit klar wird, dass Sie wirklich etwas zu bieten haben.

GRENZEN SETZEN

Ihre Kunden und Ihre geschäftlichen Möglichkeiten stellen vielerlei Ansprüche. Alle können Sie nicht erfüllen. Legen Sie klare Parameter fest, damit im Team Klarheit darüber herrscht, worauf man sich konzentrieren will und worauf nicht.

44 Zu planen, was Sie nicht tun wollen, ist ebenso wichtig wie zu planen, was Sie tun wollen.

45 Wählen Sie Kunden aus, die Ihnen auf lange Sicht erhalten bleiben.

GRENZEN ABSTIMMEN
Die Angehörigen der Arbeitsgruppe müssen bereit sein, Grenzsetzungen zu akzeptieren, selbst wenn dies eine Zurückweisung ihrer Ideen beinhaltet – oder sie müssen das Team verlassen.

DIE EFFEKTIVITÄT ERHÖHEN

Grenzen zu setzen ist unabdingbar, wenn Sie Ihre Mitarbeiter daran hindern wollen, Zeit und Energie auf die Jagd nach Chancen zu verschwenden, die nicht genau das sind, was Ihr Kunde braucht. Das führt zu einer mangelhaften Bündelung der Kräfte im Team, zu knappen Ressourcen und letzten Endes zum Scheitern. Grenzen früh abzustecken hilft, die Entscheidungsmöglichkeiten einzuschränken, die Sie später im Planungsprozess berücksichtigen müssen.

GEZIELTE ANSPRACHE

Es ist sehr viel besser, Kundengruppen auszumachen und gezielt anzusprechen, als einen allzu breit gestreuten Zugang zu wählen. Stellen Sie eine Liste auf, wem Sie was verkaufen wollen und was Sie nicht verkaufen wollen. Eine Handelsorganisation wird häufig diejenige Ziel-gruppe auswählen, die bereit ist, den besten Preis zu zahlen und so die größte Gewinnspanne ermöglicht. Stellen Sie sicher, dass die Entscheidung über Ihre Absatzmärkte langfristig tragfähig ist. Ein interner Lieferant mag sich auf denjenigen Teil der Firma konzentrieren, der sich am schnellsten entwickelt.

Nach der Diskussion erklärt sich der Teamangehörige bereit, die Grenzen einzuhalten.

Der Gruppenleiterin gelingt es nicht, die volle Unterstützung des Teammitglieds zu gewinnen.

Der Mitarbeiter verlässt das Team, weil er die gesetzten Grenzen nicht akzeptieren kann.

GRENZEN SETZEN

Beziehen Sie sich auf Ihre Analyse als Leitlinie.
↓
Beschließen Sie, was Sie verkaufen wollen.
↓
Identifizieren Sie Ihre Zielgruppe.
↓
Beschließen Sie, was Sie nicht verkaufen wollen.
↓
Einigen Sie sich, an wen Sie nicht verkaufen wollen.
↓
Halten Sie Grenzsetzungen schriftlich fest, und bleiben Sie dabei.

46 Machen Sie deutlich, dass es Überschreitungen der gesetzten Grenzen nicht gibt.

STRATEGISCHE SCHWERPUNKTE WÄHLEN

Mit Ihrem strategischen Schwerpunkt legen Sie die Verteilung von Zeit und Mitteln fest. Um die Prioritäten richtig zu setzen, sehen Sie sich Ihre Produkte, Dienstleistungen, Märkte und Kunden in Form von Gruppen an.

47 Je stärker Sie Ihre Kräfte bündeln, desto schneller wird Ihre Effektivität zunehmen.

48 Fragen Sie Ihre Lieferanten, ob Ihre Produkte korrekt gruppiert sind.

PRODUKTE GRUPPIEREN

Wenn Sie viele verschiedene Produkte haben, fällt Ihnen die Handhabung leichter, wenn Sie Gruppen bilden, um zu entscheiden, welches die wichtigsten sind. Fassen Sie Produkte nach angemessenen Kriterien gruppenweise zusammen, beispielsweise nach ihrer Komplexität. Eine einfache Gruppe braucht nach dem Verkauf wenig Support, eine komplexe vielleicht eine ganze Menge. Sie können Produkte auch nach Wert, Größe oder Herstellungsvorgang gruppieren. Die Suche nach kreativen Möglichkeiten der Gruppenbildung führt häufig zu neuen Ideen.

MÄRKTE UND KUNDEN EINTEILEN

Märkte und Kunden lassen sich ebenfalls in Gruppen zusammenfassen, was Ihnen erlaubt, sich intensiver auf eine kurze, übersichtlichere Liste zu konzentrieren. Denken Sie daran, dass ein kreativer Zugang der Sache dienlich sein kann. Die erste Bank, die Telefonbanking als Dienstleistung einführte, hatte z.B. während einer Strategieplanungssitzung erkannt, dass es hier eine ganz neue Gruppe von Kunden gab.

NICHT VERGESSEN

- Je stärker das Team seine Energie und die zur Verfügung stehenden Ressourcen bündelt, desto effektiver wird es.
- Wenn Sie sich auf einen Markt konzentrieren, lernen Sie die Kunden besser kennen.
- Märkte und Kunden lassen sich nach Region, Größe, Wachstumspotenzial, Wert oder nach Vertriebskanälen einteilen.

PRIORITÄTEN SETZEN

Um herauszufinden, welche Gruppen für den aktuellen Cashflow wichtig sind und welche langfristig von Bedeutung sein werden, untersuchen Sie potenzielle Verkaufsmengen und -werte für die nächsten zwei oder drei Jahre. Im Sinne einer Marktprognose betrachten Sie alle Gruppen in der gleichen Weise und schätzen ihre derzeitigen und künftigen Verkaufserträge und/oder Profite ab. Bedenken Sie, was die jeweilige Gruppe braucht, um erfolgreich zu sein. Entscheiden Sie, was Sie tun müssen, um mit der jeweiligen Produkt-/Marktgruppe Erfolg zu haben, und denken Sie daran, auf diese Information zurückzugreifen, wenn Sie später nach Mängeln in Ihrem Leistungsvermögen suchen.

49 **Die Diskussion von Prioritäten erleichtert gezieltes Vorgehen.**

Gruppenleiter sucht Rat im Hinblick auf Verkaufszahlen.

Marketingverantwortlicher legt Prognosen offen.

PROGNOSEN ▶

Genaue Prognosen von Verkaufsmenge und -wert helfen Ihnen bei der Entscheidung, welches die wichtigsten Bereiche für die Schwerpunktsetzung sind.

FALLBEISPIEL

Nachdem Frau Müller, die Gruppenleiterin, sich mit ihrem Team darauf geeinigt hatte, einen neuen Schwerpunkt zu setzen, wurde sie darauf aufmerksam, dass einer ihrer Mitarbeiter, Herr Kienast, nicht ganz zufrieden war. Die neue Schwerpunktsetzung hatte zur Folge, dass er an Einzelhändler verkaufte und nicht mehr an den Zwischenhandel, mit dem er bisher zusammengearbeitet hatte. Er gestand ein, dass er das Gefühl habe, sehr wenig über das Einzelhandelsgeschäft zu wissen, und dass er sich nicht sicher sei, die Verkaufszahlen steigern zu können. Frau Müller schickte ihn daraufhin zu einem Fortbildungskurs. Sie sorgte auch dafür, dass ein guter Kunde sich Zeit für Herrn Kienast nahm und ihm die Funktionsweise des Einzelhandels im Detail erklärte. Herr Kienast gewann bald sein Selbstbewusstsein zurück, und seine Verkaufszahlen verbesserten sich danach erheblich.

◀ EIN NEUER SCHWERPUNKT

Eine Verschiebung des Schwerpunkts führt häufig zu Veränderungen in der Arbeitsweise von Teamangehörigen. In diesem Fall reagierte Frau Müller sofort, als ihr klar wurde, dass Herr Kienast in seinem neuen Bereich Probleme hatte. So konnte sie ihm Selbstvertrauen geben, und er fand sich gut in sein neues Aufgabengebiet hinein.

50 Seien Sie realistisch; denken Sie daran, dass die Mittel für neue Bereiche irgendwo herkommen müssen.

ABSTIMMUNG IM TEAM

Wenn das Team zusammenarbeiten soll, um die Gesamtleistung zu verbessern, muss jedes einzelne Teammitglied der strategischen Schwerpunktsetzung zustimmen. Eine uneinheitliche Fokussierung kann zu Konflikten führen und die Performance genau entgegengesetzt beeinflussen, besonders wenn Angehörige des Teams aus verschiedenen Bereichen der Organisation kommen. Verwenden Sie eine einfache Matrix, um das Team dazu anzuhalten, über die Bedeutung der einzelnen Produkte und Märkte nachzudenken. Diese Form der Darstellung hilft Ihnen dabei, hinsichtlich des Zeitaufwands und der Mittel, die Sie in Zukunft investieren werden, Übereinstimmung zu erzielen. Auch die Stakeholder sollten Ihre Schwerpunktsetzung teilen.

KULTURELLE UNTERSCHIEDE

Niemand zweifelt daran, dass es klug ist, Märkte im Rahmen von Pilotprojekten zu testen. Die Amerikaner tendieren dazu, im Umgang mit großvolumigen Verkäufen wagemutiger zu sein, weil ihr Inlandsmarkt so riesig ist. Bei ihnen kommt es seltener vor als bei ihren europäischen Kollegen, dass sie »erst mal abwarten« und damit riskieren, dass konkurrierende Organisationen ihnen eine Chance wegschnappen.

VERÄNDERUNGEN DOKUMENTIEREN

Entwickeln Sie eine Produkt-Markt-Matrix, die zeigt, wo Sie Ihren Einsatz für bestimmte Produkte oder Dienstleistungen verstärken und wo verringern sollten.

Heute > In Zukunft

Produkte/Dienstleistungen	Markt A	Markt B	Markt C
2	H > N	M > N	N > H
1	M > H	0 > M	0 > M

Erläuterung

H *Hohes Aktivitätsniveau, das viel Personal und andere Ressourcen beansprucht.*

M *Mittleres Aktivitätsniveau.*

N *Niedriges Aktivitätsniveau.*

0 *Gar keine Aktivität.*

> *Veränderung des Schwerpunkts von jetzt in die Zukunft.*

VERSCHIEBUNGEN

Wenn Sie Ihre Produkte verändern oder sich Veränderungen in den Märkten ergeben, muss in der Folge auch die Schwerpunktsetzung in jedem Produkt-Markt-Segment verändert werden. Wenn Ihre Kundengruppe beispielsweise ein derartiges Gewicht auf niedrige Preise legt, dass Ihre Gewinnspanne sich drastisch verringert, kann es sein, dass Sie beschließen, Ihr Engagement zu reduzieren und sich nach und nach aus diesem Segment zurückzuziehen. Wie oft das vorkommt, hängt vom Beständigkeitsgrad Ihrer Produktmärkte ab. Besonders schnelllebig ist beispielsweise die IT-Industrie, die Stahlindustrie dagegen kaum.

WICHTIGE FRAGEN

F Warum erzielen wir auf diesem Produktmarkt so schlechte Verkaufsergebnisse?

F Können wir sicher sein, dass dieser Produktmarkt in den nächsten ein oder zwei Jahren weiter so wächst?

F Lohnt dieser Markt unseren Aufwand?

KONTROLLE

Halten Sie die Mitarbeiter Ihres Teams dazu an, die Dinge immer wieder in Frage zu stellen und darauf zu achten, dass der strategische Schwerpunkt wirklich richtig gewählt ist.

51 Setzen Sie Logik statt Emotionen ein, um Kräfte zu bündeln.

52 Diskutieren Sie mit allen Beteiligten, und stimmen Sie die Schwerpunktsetzung ab.

PROBLEME LÖSEN

Wenn die Umstände sich ändern und Sie Ihre Schwerpunktsetzung überprüfen, werden Sie wahrscheinlich Anomalien bemerken und Bereiche entdecken, die einen so hohen Aufwand an Zeit und Ressourcen nicht mehr rechtfertigen. Planen Sie eine Verringerung des Aufwands in rückläufigen Bereichen, und ziehen Sie Ressourcen ab, bevor der Verkaufswert nicht mehr ausreicht, um die beteiligten Mitarbeiter zu bezahlen. Wenn Sie einen Bereich mit gutem Potenzial entdecken, ist jetzt der Zeitpunkt gekommen, dort mehr Mittel zur Verfügung zu stellen und einen Wettbewerbsvorteil zu erringen.

EIN BUDGET KALKULIEREN

Es ist grundlegend für den Erfolg einer Strategie, die finanziellen Konsequenzen zu verstehen. Berücksichtigen Sie strategische Schwerpunkte, und schätzen Sie die künftigen Kosten ab, um zu einem Gesamtbudget zu gelangen.

53 Machen Sie sich stets Gedanken über die finanziellen Konsequenzen Ihres Plans.

54 Vergewissern Sie sich, dass Ihr Kunde Ihrer Verkaufsprognose zustimmt.

55 Stützen Sie Ihr Budget auf realistische Verkaufsschätzungen.

ERTRÄGE VORHERSAGEN

Es ist wichtig, die Verkaufszahlen im Detail vorherzusagen – für das nächste Jahr und zumindest grob auch für die beiden darauf folgenden Jahre. Dies ist eine schwierige Übung, aber wenn Sie diesen Schritt auslassen oder gedankenlos darüber hinweggehen, riskieren Sie, einen unrealistischen Plan zu produzieren. Überlegen Sie für jeden Produktmarkt, wie Ihre Verkäufe vermutlich aussehen werden – optimistisch betrachtet, höchstwahrscheinlich und pessimistisch gesehen. Am Ende steuert die Vorhersage dessen, was Sie verkaufen wollen, alle anderen Budgets.

SICHERHEIT IM UMGANG MIT ZAHLEN GEWINNEN

Der betriebswirtschaftliche Umgang mit Zahlen ist den meisten Menschen nicht in die Wiege gelegt, aber um eine Strategie erfolgreich planen und durchführen zu können, ist es wichtig, die Grundregeln der Budgetierung und Prognose zu kennen. Wenn es im Bereich Rechnungswesen ein Thema gibt, das Sie nicht ganz verstehen, sollten Sie etwas unternehmen, um Ihre Kenntnisse zu verbessern – entweder indem Sie über das Thema nachlesen oder indem Sie einen entsprechenden Kurs belegen. Haben Sie erst einmal die Grundprinzipien verstanden, werden Sie aus der Erfahrung mit dem tatsächlichen Aufstellen von Budgets, dem Schreiben von Businessplänen, dem Kalkulieren und dem Studium von Finanzberichten weiter lernen.

KOSTEN ABSCHÄTZEN

Im Allgemeinen ist es sinnvoll, Kosten in fünf Kategorien zu unterteilen: Personal, Warenlieferungen, Räumlichkeiten und andere Einrichtungen, Ausstattung und schließlich Information. Vielleicht benötigen Sie die Hilfe weiterer Stakeholder, um diese Phase erfolgreich abzuschließen. Es kann beispielsweise nützlich sein zu wissen, was die IT-Abteilung Ihnen in den nächsten zwei oder drei Jahren für Infodienste in Rechnung stellen wird. Konzentrieren Sie sich darauf, Zahlen zu bekommen, die realistisch sind und nicht unbedingt völlig exakt.

56 Betrachten Sie jeden Kostenfaktor, um spätere Revisionen zu vermeiden.

BUDGETS AUFSTELLEN

Die Ausgaben in diesem knappen Budgetformular sind in fünf verschiedene Kategorien unterteilt. Die Gesamtausgaben und die Einnahmen sind angegeben, gefolgt von dem geschätzten Gewinn.

Budget

Ausgaben	1. Jahr	2. Jahr	3. Jahr
Personal	33 500	36 850	40 535
Warenlieferungen	22 000	24 200	26 620
Raummiete etc.	12 000	13 200	14 520
Ausstattung	6 500	7 150	7 865
Informationen	2 500	2 750	3 025
Gesamtausgaben	76 500	84 150	92 565
Gesamteinnahmen	102 000	121 000	139 000
Geschätzter Gewinn	25 500	36 850	46 435

Kosten für sämtliche Warenlieferungen und alles, was ins Haus kommt.

Ausgaben für Räumlichkeiten und andere Einrichtungen.

Summe der geschätzten Einnahmen.

Gesamtkosten für die Angestellten im Team.

Kosten für Ausstattungsgegenstände, die das Team mietet oder kauft.

Kosten für Verwaltungsaufwand.

DIE MARGE KALKULIEREN

Um die Marge zu errechnen, ziehen Sie die Ausgaben von den Einnahmen ab. In den meisten Organisationen gibt es einen Standardvorgang für das Aufstellen von Budgets. In kleinen Firmen ist die Liquidität sehr wichtig. Wahrscheinlich wird das Team einen »Cashflow« erstellen, also ein Dokument, das Einnahmen und Ausgaben in ihrer zeitlichen Abfolge darstellt. In großen Organisationen ist das in Bereichen erforderlich, in denen die Verkaufsmengen drastisch schwanken.

57 Fragen Sie sich immer, was geschehen würde, falls die Verkaufszahlen zurückgehen.

INTEGRATION

Wenn Sie Ihren Plan formulieren, achten Sie darauf, dass er sich gut in die Organisation als Ganze einfügt. Seine Zielsetzung muss mit den Plänen anderer Abteilungen vereinbar sein, um interne Konflikte und Probleme im Markt zu vermeiden.

58 Präsentieren Sie den Kunden immer eine einheitliche Strategie.

59 Denken Sie über Ihre Schnittstellen mit anderen Abteilungen nach.

60 Richten Sie sich darauf ein nachzugeben, um zu einer Einigung zu kommen.

POTENZIELLE KONFLIKTE

Halten Sie in jeder Phase der Erstellung Ihres Plans Ausschau nach möglichen Konfliktbereichen, die den Erfolg gefährden könnten. Wenn es beispielsweise innerhalb Ihrer Organisation nicht üblich ist, strategisch zu denken, könnte es passieren, dass Sie unabsichtlich deutlich werden lassen, wie veraltet und ineffektiv die Arbeitsmethoden anderer Teams sind – verhalten Sie sich also vorsichtig. Fragen Sie sich, ob andere Teams die Notwendigkeit der Veränderungen verstehen, die Sie vorschlagen. Seien Sie immer bereit, Kompromisse zu schließen.

KOMPATIBLE PROZESSE

Wenn Sie einen neuen Prozess nicht initiieren können, solange für andere Gruppen ein alter Vorgang gültig bleibt, müssen Sie herausfinden, wie diese Situation sich ändern lässt. Besprechen Sie die Angelegenheit mit anderen Gruppenleitern, damit der Planungsvorgang sich zum Kreis schließt: Wenn ein Team einen Plan formuliert, der Veränderungen für die Planung eines anderen Teams nach sich zieht, lassen diese sich vorwegnehmen und sind leicht einzuleiten. Am Ende werden die Pläne beider Teams davon profitieren.

61 Stimmen Sie Mitarbeiter auf die positiven Aspekte von Veränderungen ein.

62 Organisieren Sie informelle Strategiediskussionen mit anderen Teams.

STRATEGIEN AUSRICHTEN

Der gesamte Vorgang der Strategieausrichtung wird erleichtert, wenn die Arbeitsgruppen einem festgelegten Verfahren folgen und auch Standardtechniken und -dokumente zur Abfassung ihrer Pläne verwenden. Falls Ihre Organisation derzeit keine Standards für die Formulierung von Strategieplänen hat, könnten Sie hierfür ein einfaches Schritt-für-Schritt-Verfahren vorschlagen. Betonen Sie, wie sehr Ihre Organisation davon profitieren würde, wenn alle Arbeitsgruppen voneinander lernen könnten – aus Erfahrungen der anderen ebenso wie aus den eigenen.

NICHT VERGESSEN

- In besonders erfolgreichen Firmen sind die Wege zwischen den Abteilungen kurz.
- Wenn ein Vorgang an ein anderes Team abgegeben wurde, muss er weiter beobachtet werden, falls er Ihre Kunden betrifft.
- Vorgänge zu dokumentieren, führt immer zu einer Verbesserung.

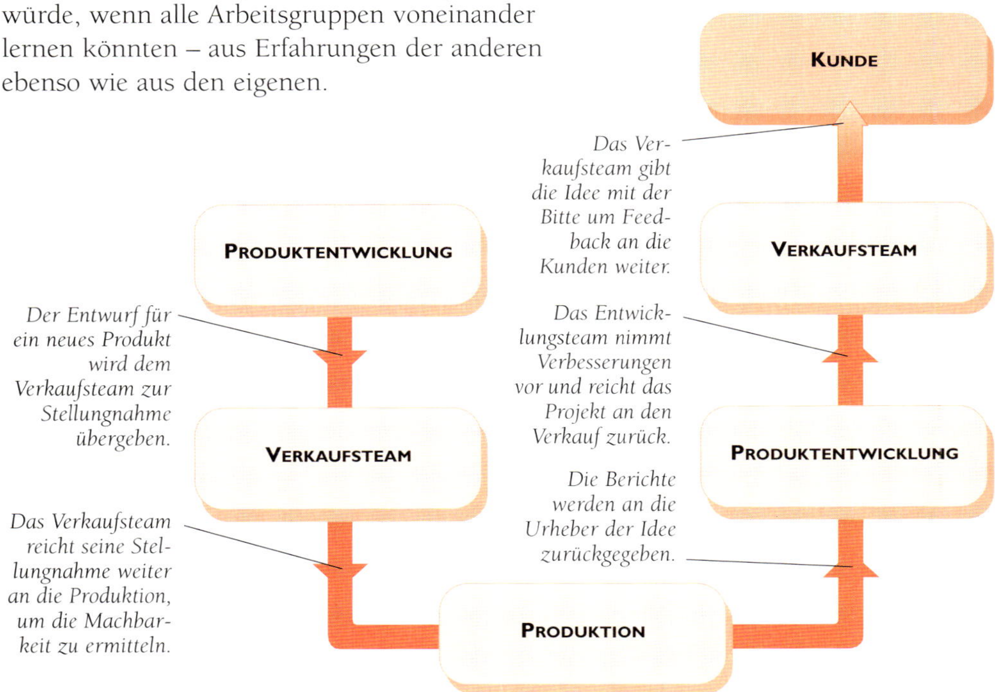

ABLAUFPLÄNE VERWENDEN

Wenn verschiedene Arbeitsgruppen an einem Projekt beteiligt sind, verwenden Sie einen Ablaufplan, um festzulegen, wo jeweils die einzelnen Phasen des Vorgangs liegen. Jedes Team muss den eigenen Beitrag zum Vorgang im Zusammenhang mit allen anderen Beteiligten sehen.

63 Viele Menschen in Ihrer Organisation verfügen über Wissen und Erfahrung – nutzen Sie diese Ressourcen.

DIE STRATEGIE TESTEN

Sie haben jetzt einen strategischen Plan, dem sich jeder verpflichtet fühlen sollte, bis die Ereignisse es erforderlich machen, ihn zu überprüfen und anzupassen. Aktuelle Aktivitäten und neue Ideen müssen Sie auf ihre strategische »Passgenauigkeit« testen.

64 Stellen Sie sicher, dass alle das Testverfahren für eine neue Idee kennen.

65 Weisen Sie Ihre Mitarbeiter immer wieder auf die Strategie hin.

AUFSTELLEN EINES BUSINESS CASE TEMPLATE

Um ein solches Schema zu erstellen, listen Sie die wichtigsten Kriterien Ihrer Strategie auf. Geben Sie jedem Kriterium eine Bewertung von 1 bis 10, um seine Wichtigkeit zu verdeutlichen, wobei 10 höchste Priorität bedeutet. Bewerten Sie die neue Idee mit einem Wert von 1 bis 10 danach, wie nahe sie dem Ideal kommt. Multiplizieren Sie die beiden Punktzahlen miteinander, um eine Gewichtung zu erhalten. Idealerweise sollte die neue Idee bei jedem Kriterium die Zehn erhalten; diesen Wert errechnen Sie. Zählen Sie jetzt alle Punktwerte für das Ideal und für die neue Idee zusammen – so erhalten Sie die ideale Gesamtsumme und die tatsächliche Gewichtung. Daraus ermitteln Sie einen Prozentsatz.

NEUE IDEE IM TEST

Sie erzielt gute Werte beim ersten und dritten Kriterium, nicht so gute beim zweiten. Zusammengerechnet ergeben die Punktzahlen der Gewichtung einen Gesamtwert, der in einen Prozentsatz umgewandelt wird. Mit 61 Prozent besitzt diese Idee brauchbares strategisches Potenzial.

Kriterien Hauptkriterien der Strategie	**Bewertung der Priorität** (von 1–10)	**Neue Idee** (von 1–10)	**Gewichtung** (Werte multiplizieren)	**Ideale Gewichtung** (Prioritätswert x 10)
Mehr kurzfristige Verkäufe	7	7	49	70
Erhalt langfristiger Verkäufe	5	2	10	50
Geringe Mitarbeiterzahl	7	8	56	70
Gesamtwert			**115**	**190**
Prozent des Idealwerts				**61%**

Um den Prozentsatz zu berechnen, multiplizieren Sie den Gesamtwert der Gewichtung mit 100 und dividieren durch den idealen Gesamtwert. Diese Zahl zeigt, wie gut die Idee zur Strategie passt.

DAS BUSINESS CASE TEMPLATE EINSETZEN

Es hat keinen Sinn, eine wohldefinierte Strategie zu haben, aus der hervorgeht, was Sie verkaufen werden und an wen, wenn sie in der Praxis ignoriert wird. Halten Sie Ihr Team dazu an, das Business Case Template routinemäßig einzusetzen, sowohl um zu überprüfen, was gerade getan wird (Konzentrieren Ihre Mitarbeiter sich auf den vereinbarten strategischen Schwerpunkt?), als auch um jede neue Chance auf ihre Durchführbarkeit zu testen. Die Anwendung eines solchen logischen Verfahrens zur Bewertung aktueller und neuer Pläne hält das Team dazu an, die Dinge objektiv zu betrachten. Je mehr das Schema zum Einsatz kommt, desto erfahrener wird das Team in der Bewertung.

66 Das Team muss alle neuen Ideen mit dem Schema testen.

67 Jede Idee birgt auch Risiken in sich.

DEN VORGANG KLÄREN

Sorgen Sie dafür, dass das Team versteht, wie neue Chancen evaluiert werden. Wenn es einen festen Prozess zur Überprüfung von Ideen gibt, macht das deutlich, dass alle Vorschläge wichtig sind.

FALLBEISPIEL

Herr Petersen, Verkaufsangestellter bei einer Firma für Tiefkühlkost, hatte die Idee, Privatkunden einen neuen Lieferservice anzubieten. Herr Petersen beschloss, seine Idee am Business Case Template zu erproben, um zu sehen, ob sie in die Strategie der Firma passte. Das Schema wies drei Kriterien aus: Kurzfristige Verkäufe hatten eine hohe Priorität, die Qualität der Dienstleistung mittlere Priorität und langfristige Verkäufe hohe Priorität. Die neue Idee erzielte einen hohen Wert beim ersten Kriterium, musste aber auch beim dritten einen hohen Wert erreichen. In einer Branchenzeitschrift fand Herr Petersen die Ergebnisse einer bundesweiten Umfrage, der zufolge Lieferungen an die Haustür mit Bestellmöglichkeit über das Internet wie auch per Telefon ein erhebliches Wachstum erwarten ließen. Dies bedeutete, dass sein Vorschlag gute Werte erreichte. Ein entsprechendes Projekt wurde eingerichtet.

EIN BUSINESS CASE TEMPLATE VERWENDEN

Der Chef von Herrn Petersen hatte deutlich gemacht, dass alle neuen Ideen für die Firma mit dem Business Case Template getestet werden sollten. Dies bedeutete, dass Herr Petersen selbst die Verantwortung dafür übernehmen konnte, eine wohl durchdachte und leicht umsetzbare Idee vorzulegen, da er sie selbst testen konnte.

KLAR KOMMUNIZIEREN

Damit Ihre Strategie Erfolg hat, ist es wichtig, dass alle, die davon wissen müssen, informiert sind. Kommunizieren Sie Ihren Plan jedem Stakeholder, so dass er versteht, was der Plan für ihn bedeutet, und Sie seine Unterstützung gewinnen.

68 Wenn die Leute nicht wissen, was Sie vorhaben, können sie Ihnen nicht helfen.

69 Seien Sie so offen wie möglich mit Kollegen.

70 Halten Sie alle auf dem Laufenden, was Änderungsvorschläge angeht.

STAKEHOLDER AUF DEM LAUFENDEN HALTEN

Weil Stakeholder – Vorgesetzte, Kollegen in anderen Abteilungen oder Kunden und Lieferanten – ein berechtigtes Interesse an der Strategieplanung haben, müssen sie über alle relevanten Entwicklungen auf dem Laufenden gehalten werden. Wählen Sie eine einfache Ausdrucksweise und definieren Sie alle wichtigen Begriffe; selbst ein Wort wie »Verkauf« kann für verschiedene Menschen in der gleichen Organisation unterschiedliche Bedeutungen haben.

FEEDBACK BEKOMMEN

Stellen Sie sicher, dass es einen Feedback-Mechanismus gibt, durch den die Stakeholder Ihnen mitteilen können, was sie von dem Plan und seinen Auswirkungen halten. Jeder in der Organisation kann als Auge und Ohr des Teams dienen. Die Mitarbeiter im Verkauf beispielsweise wissen, was die Kunden sagen, die Ingenieure vor Ort wissen aus Insidersicht, wie die Arbeit voranschreitet. Achten Sie daher darauf, dass Kommunikation in beiden Richtungen stattfindet, und hören Sie zu. Hören Sie lieber etwas länger zu als zu kurz. Nutzen Sie das Feedback in einer Besprechung, um Ideen zur Veränderung und Verbesserung des Plans zu entwickeln.

KULTURELLE UNTERSCHIEDE

In Großbritannien und Skandinavien werden bildhafte Sprache, Vergleiche und Ironie bei Geschäftsverhandlungen ausgiebig eingesetzt, um einen Aspekt besonders hervorzuheben.
In Deutschland nimmt man solche Redeweisen eher wörtlich, was dazu führen kann, dass sie als unhöflich interpretiert werden und für Verstimmung sorgen.

DIE STRATEGIE KOMMUNIZIEREN

KOMMUNIKATIONSTECHNIK	WAS SIE BEDENKEN SOLLTEN
 **DETAILLIERTER BERICHT** Der gesamte Plan einschließlich geplanter Veränderungen.	• Die Dokumentation sollte übersichtlich gestaltet und durch Analyseinformationen gestützt sein. • Nur Vorgesetzte und Teamangehörige in Schlüsselpositionen sollten den gesamten Plan erhalten.
KURZBERICHT Ein Abriss der Strategie, der eine Seite umfasst; Auszüge aus dem Plan, die den Stakeholder betreffen. 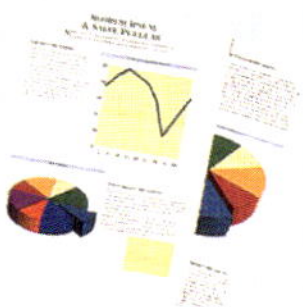	• Diese Form des Berichts sollte auf Stakeholder persönlich zugeschnitten sein und Aspekte betonen, die sie direkt betreffen. • Der Kurzbericht könnte auch für andere interessant sein.
 **PRÄSENTATION** Eine Zusammenfassung der Strategie und der Umsetzungsplanung unter Verwendung visueller Hilfsmittel.	• Das Präsentationsmaterial muss professionell und überzeugend aussehen. • Teamangehörige, interne Stakeholder und Ihre Kollegen in vergleichbarer Position sollten eingeladen werden.
RUNDBRIEFE Aktuelle Informationen über den Fortschritt der Strategie und der Planung. 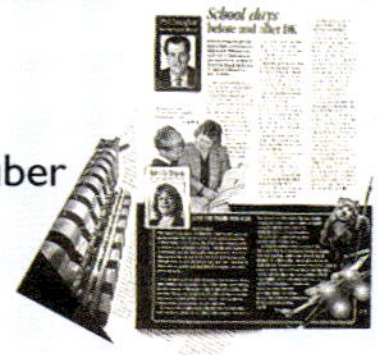	• Die Berichte sollten kurz gefasst und regelmäßig verschickt werden. • Die Vorbereitung des Rundbriefs kann einem Teammitglied übertragen werden.
 **BRIEFE UND E-MAIL** Besondere Auszüge aus der Strategie und dem Plan oder aktuelle Projektstände.	• Beide lassen sich schnell erstellen und sind nützlich, um eine große Anzahl von Menschen auf dem Laufenden zu halten. • Manche Stakeholder benötigen nur minimale Informationen.

UNTERSTÜTZUNG

Bitten Sie die Beteiligten, sich zu ihrer Aufgabe im Rahmen des Plans zu bekennen und in wichtigen Fällen die Übernahme der Verpflichtung schriftlich zu bestätigen. Das Kommunizieren des Plans ist ebenfalls ein fortwährender Prozess. Stellen Sie sicher, dass Sie diejenigen, die informiert sein müssen, regelmäßig über Fortschritte auf dem Laufenden halten und Ihnen ein Feedback ermöglichen.

71 Bemühen Sie sich, beschlossene Maßnahmen klar zu kommunizieren.

DIE STRATEGIE UMSETZEN

Die Umsetzung einer Strategieplanung bedeutet, Änderungsvorhaben (so genannte Change Projects) in Gang zu setzen, mit deren Hilfe strategische Ziele erreicht werden.

PRIORITÄTEN SETZEN

Vergleichen Sie die aktuelle Situation mit dem Ideal, um festzustellen, wo Diskrepanzen bestehen. Dann fassen Sie diejenigen Veränderungen, die von Bedeutung für Ihre Strategie sind, bereichsweise zusammen, um sofort Maßnahmen einzuleiten.

72 Lernen Sie, mit Geschäftsvorgängen zu leben, die Sie nicht ändern können.

73 Streben Sie immer das bestmögliche Ergebnis an.

74 Kümmern Sie sich um die wichtigsten Verbesserungen zuerst.

WUNSCHLISTE

Stellen Sie eine umfassende Liste mit 50 bis 100 Punkten auf, die verbessert werden müssen, damit die neue Strategie Erfolg haben kann. Sie können diese Liste selbst aufstellen oder ein Brainstorming durchführen. Stellen Sie die Frage: »Wenn wir uns ansehen, was wir erreichen wollen – wie würde unsere Organisation im Idealfall operieren, und zwar in den Bereichen Geschäftsvorgänge, Technologie und Personal?« Dies führt zu einer Reihe von Antworten. Jetzt wissen Sie, was ideal wäre.

MÄNGEL HERAUSARBEITEN

Indem Sie die aktuelle Situation mit der Idealvorstellung vergleichen, werden Sie Diskrepanzen feststellen. Diese werden möglicherweise nie ganz verschwinden. Dennoch werden die größten Lücken – diejenigen, gegen die Sie wirklich etwas tun müssen – deutlich geworden sein. Am anderen Ende der Skala stehen sehr viel weniger wichtige Diskrepanzen, deren Verbesserung zwar wünschenswert, aber nicht unbedingt notwendig erscheint.

PRIORITÄTEN SETZEN

Listen Sie alle verbesserungswürdigen Bereiche auf, und stufen Sie ihre Dringlichkeit als »groß«, »mittel« oder »gering« ein. Nutzen Sie Ihre Einstufung, um Prioritäten zu vergeben. Dann gruppieren Sie die gewünschten Veränderungen so, dass Sie auf etwa acht bis zehn Bereiche insgesamt kommen. Diese Gruppen bilden dann die Änderungsvorhaben. Veränderungen mit großen Auswirkungen sollten in Angriff genommen werden, bevor sie die höchste Dringlichkeitsstufe erreichen.

DAS IST ZU TUN

1. Sehen Sie sich Ihre Vorgänge an (z.B. Kundenbestellungen).
2. Prüfen Sie Ihre technische Ausstattung.
3. Sehen Sie sich die Personalstruktur an: Wären kleinere Teams effizienter?
4. Überprüfen Sie, ob Sie die richtigen Leute im Team haben.
5. Sichern Sie dem Team ausreichende Unterstützung.

PRIORITÄTEN IM VERGLEICH

Das Team, das seine Prioritäten klug setzt, richtet den Blick nach vorn und kümmert sich um die kritischen Aufgaben zuerst.

PRIORITÄTEN KLUG WÄHLEN | PRIORITÄTEN SCHLECHT WÄHLEN

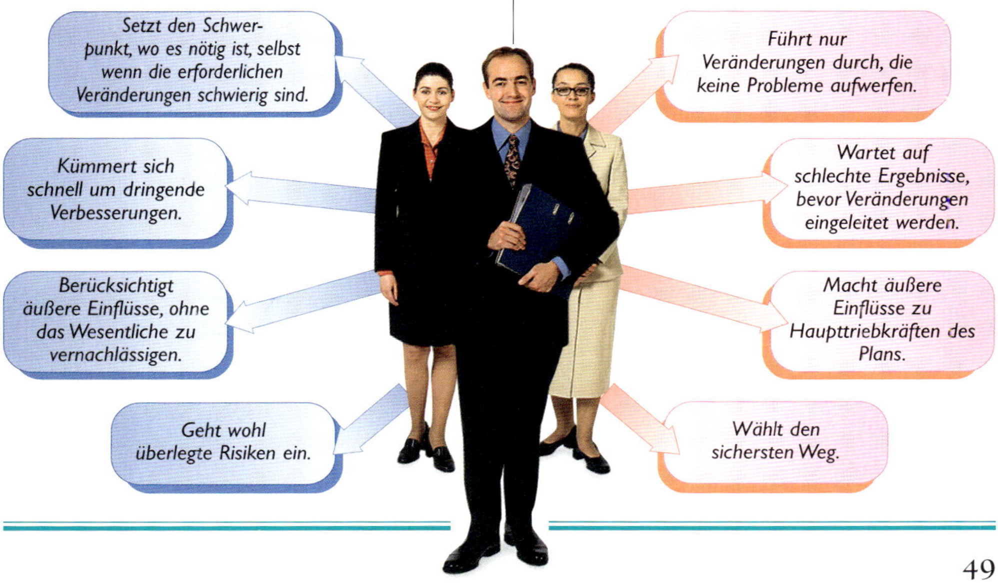

VERÄNDERUNG PLANEN

Gehen Sie die Umsetzung diszipliniert an, und arbeiten Sie für alle Ihre Änderungsvorhaben Aktionspläne aus mit Leistungszielen, Zwischenergebnissen und einem Zeitrahmen. Sie bilden dann einen Teil des Gesamtumsetzungsplans.

75 Wenn Veränderungen keine klaren Vorteile bringen, lohnen sie den Aufwand nicht.

VORWÄRTS SCHREITEN

Änderungsvorhaben zielen darauf ab, die langfristige operative Effektivität zu erhöhen und können zwischen wenigen Wochen und zwei Jahren dauern – oder sogar länger, abhängig von ihrer Komplexität und dem Ausmaß der Veränderung. Untergliedern Sie jedes Projekt in einen Aktionsplan mit geschätzten Daten für Beginn und Ende. Nachdem Änderungsvorhaben in Gang gesetzt sind, kann es sein, dass Sie die Operationen überprüfen müssen, um sie gegebenenfalls anzupassen.

76 Streben Sie mit jedem Projekt möglichst deutliche Verbesserungen an.

AUS DER VERGANGENHEIT LERNEN

Machen Sie sich ordentliche Notizen, wenn Sie ein Projekt nach dem anderen abarbeiten, damit Sie oder Ihre Kollegen sich in der Zukunft darauf rückbeziehen können, wenn es um ähnliche Herausforderungen geht. Finden Sie heraus, ob jemand in der Organisation Erfahrung damit hat, diejenige Art von Veränderung durchzuführen, die Sie planen, und bitten Sie darum, die entsprechenden Notizen einsehen zu dürfen.

AUFZEICHNUNGEN MACHEN
Aktualisieren Sie Ihre Notizen zum Fortschritt des Projekts regelmäßig, auch für Ihre Kollegen.

77 Wenn Sie Ziele in Worte fassen, tun Sie es klar und eindeutig.

NICHT VERGESSEN

- Die Formulierung des Ziels sollte so klar sein, dass neue Mitarbeiter sie auf Anhieb verstehen können.
- Jedes Änderungsvorhaben kann mehreren Zielen dienen.
- Die meisten Menschen ziehen eine Zielsetzung einer Liste von Aufgaben vor, weil das Ziel eher eine Herausforderung bietet.

ZIELE DEFINIEREN

Es ist wichtig, Ziele so präzise zu setzen, dass sie wenig Spielraum zulassen. Folgen Sie der SMART-Regel, einer nützlichen Kurzformel, der zufolge Ziele definiert sein sollten als:

- Stretching (anspruchsvoll): Sie sollten für Manager und Team eine Herausforderung darstellen;
- Measurable (messbar): Sie müssen quantifizierbar sein;
- Achievable (erreichbar): Sie müssen realistisch sein;
- Related to the customer (kundenbezogen): Sie sollten die Dienstleistung für den Kunden verbessern;
- Time-targeted (»zeitgezielt«): Sie müssen einen zeitlichen Endpunkt haben.

VERANTWORTUNG ZUWEISEN

Change Projects können in der Umsetzung heikel sein, weil viele Menschen Veränderungen nicht wollen. Doch damit die Veränderung überhaupt eintritt, muss jemand dafür die Gesamtverantwortung übernehmen. Üblicherweise ist dies dasjenige Mitglied der Arbeitsgruppe, das über die größte Sachkenntnis verfügt. Wenn es nicht offensichtlich ist, wer das sein sollte, liegt die Gesamtverantwortung beim Gruppenleiter.

Angehörige des Teams übernimmt Gesamtverantwortung für das Projekt.

Kollegin erklärt sich zur Unterstützung bereit, übernimmt jedoch nicht die Verantwortung.

VERANTWORTUNG ÜBERNEHMEN

Jedes Projekt sollte von einem einzelnen Teammitglied überwacht werden, das dafür verantwortlich zeichnet und sicherstellt, dass alle anderen im Team das Erforderliche tun.

»MEILENSTEINE« SETZEN

Nachdem Sie das Ziel des Änderungsvorhabens etabliert haben, ist es wichtig, »Meilensteine« oder Zwischenziele zu setzen – als Schritte auf dem Weg zum Erfolg. So kann das Team überprüfen, ob das Change Project auf dem richtigen Weg ist. Stellen Sie sich die Frage: »Was muss ich tun, um einen Meilenstein zu erreichen?« Untergliedern Sie dann die Arbeit in eine Reihe von Aufgaben. Zwischenziele können bestimmte Ereignisse sein, beispielsweise die Abfassung eines Berichts, oder es kann sich um vollbrachte Leistungen handeln, beispielsweise wenn Sie die Zustimmung eines Direktors gewinnen und Mittel zugewiesen bekommen, um das Bestellsystem zu revidieren.

DAS IST ZU TUN

1. Setzen Sie sich Zwischenziele, die Ihnen erlauben, den Fortschritt zu messen.
2. Formulieren Sie klare und eindeutige Direktiven, die jedermann verstehen kann.
3. Halten Sie Stakeholder auf dem Laufenden über den Fortschritt des Plans.
4. Achten Sie darauf, dass alle Teamangehörigen sich ihre Zwischenziele zutrauen.

74 Stellen Sie sicher, dass die Prioritäten des Teams sich mit Ihren eigenen decken.

DER ZEITLICHE RAHMEN

Indem Sie Termine setzen, sorgen Sie dafür, dass Mitarbeiter nicht von operativen Aufgaben abgelenkt werden. Betonen Sie dem Team gegenüber, dass es Probleme mit der Leistungserfüllung in der Zukunft geben wird, wenn es jetzt nicht gelingt, die Veränderung durchzuführen. Wenn Sie die Verantwortung klar zugewiesen und ein Zeitlimit gesetzt haben, werden Sie in der Lage sein, die Frage zu beantworten: »Wenn diese Veränderung nicht bis zum Datum X erfolgt ist – wer ist dafür verantwortlich?«

ABSPRACHE
Stellen Sie sicher, dass Termine anspruchsvoll, aber erreichbar sind. Diskutieren Sie Leistungsvorgaben mit dem Team.

DOKUMENTATION

Heften Sie alle Pläne zusammen mit den erforderlichen und verfügbaren Hintergrundinformationen in einen Aktenordner. Sie sollten auch die Recherchen beifügen, die Sie während der Analyse angestellt haben. Vielleicht wollen Sie lieber sämtliche Informationen elektronisch speichern – in einem Verzeichnis, zu dem alle Teamangehörigen Zugang haben. Halten Sie die Daten knapp und sachlich. Blättern Sie selbst im (elektronischen) Ordner nach, und fordern Sie Ihr Team auf, dies ebenfalls zu tun, damit die Dokumente regelmäßig auf den neuesten Stand gebracht werden.

NICHT VERGESSEN

- Dokumentieren Sie konsequent und nachvollziehbar.
- Wenn der Plan Maßnahmen klar und einfach beschreibt, macht das die Durchführung für die verantwortliche Person leichter.
- Arbeitsgruppen sollten sich regelmäßig beraten und den Aktionsplan aktualisieren.

75 Ein Aktionsplan ist nicht vollständig, solange er nicht schriftlich vorliegt.

PROJEKTDOKUMENTATION

Nutzen Sie die disziplinierende Wirkung einer klaren Dokumentation, um die Stringenz der Teamarbeit zu optimieren.

AKTIONSPLAN FÜR EIN CHANGE PROJECT

Ein klares SMART-Statement der Zielsetzung des Projekts.

Ziel: Ein neues Bestellsystem einrichten (maximale Gesamtkosten: 150 000 DM).

Die nähere Beschreibung, an der sich das Ziel messen lässt.

Angestrebter Effekt: Verringerung der Zahlungsverzugsdauer unserer Schuldner auf 50 Tage

Die Termine, zu denen die Veränderungen durchgeführt sein müssen.

Die Person mit der Gesamtverantwortung für das Erreichen des Ziels.

Ein Ereignis oder eine vollbrachte Leistung, die den Fortschritt des Change Projects markieren.

Das Datum, zu dem die Maßnahme vollständig abgeschlossen sein sollte.

Die Person, die für die Maßnahme verantwortlich ist.

Schlüsselereignisse, an denen Sie sehen, ob das Projekt im Zeitrahmen liegt.

Termin: Ende Januar nächsten Jahres, vollständige Umsetzung bis September.	**Gesamtverantwortung:** RH
Maßnahmen: Merkmale des neuen Systems mit internen Abteilungen und Kunden abstimmen.	**Termin:** 28. März **Verantwortung:** AS
Zwischenziele: Zustimmung des Vorstands zur Empfehlung.	**Termin:** 11. Juni **Verantwortung:** RH

DIE RISIKEN ABSCHÄTZEN

Überprüfen Sie jetzt die Pläne zu den Änderungsvorhaben, um zu ermitteln, was ihr Gelingen verhindern könnte. Listen Sie potenzielle Gefahren und Risiken auf, und ändern Sie, falls notwendig, die Pläne, um die Gefährdung möglichst gering zu halten.

80 Proben Sie Ihren Notfallplan – das macht ihn brauchbarer.

81 Fragen Sie Stakeholder, wo Sie Risiken sehen.

82 Sehen Sie das Unerwartete als eine Chance, nicht als Bedrohung.

PROBLEME VORAUSSAGEN

Setzen Sie eine eigene Teamsitzung an, in der Sie per Brainstorming eine Liste möglicher künftiger Probleme aufstellen. Betrachten Sie einen Aktionsplan nach dem anderen, und stellen Sie die Frage: »Was könnte verhindern, dass dies geschieht?« Eine solche Vorgehensweise ermutigt das Team, den Plan gegen konstruktive Kritik zu verteidigen, und führt dazu, dass Ihre Mitarbeiter noch überzeugter im Rahmen der Strategie arbeiten. Vermeiden Sie es, jedes nur denkbare Problem anzuführen, sondern konzentrieren Sie sich auf diejenigen, die mit einer Wahrscheinlichkeit von mindestens 50 Prozent eintreten werden.

AUSWIRKUNGEN

Weil potenzielle Probleme von unterschiedlicher Dringlichkeit sein können, betrachten Sie die möglichen Auswirkungen jedes einzelnen Problems. Überlegen Sie, ob die Auswirkungen des Problems auf das Projekt groß, mittel oder gering sind. Schätzen Sie die Wahrscheinlichkeit für das Eintreten der jeweiligen Gefahr ab. Kennzeichnen Sie auch diese als hoch, mittel oder gering. Bei der Umsetzung der Strategie werden Ihre Mitarbeiter sich zwangsläufig mehr mit höchstwahrscheinlichen Gefahren mit geringer Auswirkung befassen. So gewinnen sie eine bessere Kontrolle über ihr geschäftliches Umfeld und die Strategie.

NICHT VERGESSEN

- Mitarbeiter sollten dazu ermutigt werden, Probleme als Herausforderung zu begreifen.
- Indem Sie den Plan ändern, können Sie möglicherweise ein potenzielles Problem komplett umgehen.
- Bei der Einschätzung von Problemen ist es wichtig, auch zwei oder drei Jahre voraus zu denken.
- Ein Kunden- oder Lieferantenwechsel könnte Ihren Erfolg ernsthaft gefährden.

VORBEUGEN

Die schlimmsten Gefahren sind diejenigen, die am wahrscheinlichsten auftreten und potenziell die größten Auswirkungen haben. Ein Aktionsplan muss dagegen vorbeugende Maßnahmen enthalten. Z.B. kann ein anderer Stakeholder in der Lage sein, ein bestimmtes Risiko abzuwenden. Sprechen Sie Ihn auf mögliche Lösungen an. Lassen sich keine finden, müssen Sie Ihren Plan entprechend ändern.

Stakeholder fasst ins Auge, was schief laufen könnte.

Teamangehöriger erläutert Verfahrensänderung.

NEUE EINSICHTEN ▶

Es ist wichtig, mit Stakeholdern darüber zu sprechen, welche Auswirkungen sich durch die Änderungsvorhaben für sie ergeben. Sie können wertvolle neue Einsichten vermitteln.

SCHWIERIGKEITEN ZUVORKOMMEN ▼

Indem Sie früh einschritt, stellte Frau Löffler sicher, dass die Lieferung der benötigten Software sich um weniger als einen Monat verzögerte.

NOTFALLPLANUNG

Sie werden nicht in der Lage sein, allen wesentlichen Problemen zuvorzukommen. Aber Sie können mit Sicherheit Alternativmöglichkeiten durchdenken, um die bedrohten Ziele im Zweifel doch noch zu erreichen. Ein solches Vorgehen nennt man Notfallplanung. Sie stellt sicher, dass das Team souverän und schnell reagiert, falls ein vorhersehbares Problem auftreten sollte. Manchmal werden Sie einfach abwarten müssen, ob ein bestimmtes Problem auftritt, und erst dann reagieren können. Aber wenn Sie die Risiken sorgfältig abgewogen haben, ist das leichter.

FALLBEISPIEL

Frau Löffler leitete eine computergestützte Auskunftsstelle für ihre Zentrale. Sie und ihr Team hatten ein umfangreiches Change Project geplant, um das Computersystem leistungsfähiger zu machen und den Kunden einen besseren Service zu bieten. Eine wichtige Softwarekomponente, die dafür benötigt wurde, befand sich in der abschließenden Testphase. Frau Löffler wusste: Sollte die Software zu spät geliefert werden, würden sie nicht in der Lage sein, rechtzeitig auf das neue System umzustellen. Das war nach Frau Löfflers Ansicht ein sehr wahrscheinliches Risiko mit großen Auswirkungen.

Ihr Lieferant sagte zu, ihr zwei Mitarbeiter zu überlassen, falls die Software nicht rechtzeitig geliefert werden sollte.

So konnte ein Notfallplan für die Kunden entwickelt werden.

OPERATIVE ZIELSETZUNGEN

Eine neue Strategie bringt mit einiger Sicherheit Veränderungen an den operativen Zielvorgaben mit sich. Einigen Sie sich auf neue Zielsetzungen für das Team insgesamt und für jedes einzelne Teammitglied.

83 Behandeln Sie Mitarbeiter, als wollten sie den Erfolg, und sie werden ihr Bestes tun.

84 Setzen Sie Zielvorgaben, die dem Team helfen weiterzukommen.

85 Geben Sie Mitarbeitern Freiraum, um ihre Ziele zu erreichen.

NEUE LEISTUNGSZIELE

Übersetzen Sie die Gesamtziele der höchsten Ebene des Plans in spezifische, messbare Ziele auf der nächsten Ebene und so weiter. (Eine auf höchster Ebene geplante Verkaufsstrategie führt z.B. zu bestimmten Verkaufszielen für einzelne Verkäufer). Leistungsziele, selbst wenn es nur zwei Ebenen gibt, sind Teil einer Hierarchie, in der die Performance auf der höchsten Ebene durch das Erreichen von Sollvorgaben oder Leistungszielen in den unterschiedlichen Bereichen der Organisation erbracht wird.

REALISTISCHE ZIELE

Geben Sie Ziele vor, die anspruchsvoll, aber erreichbar sind. Wenn Sie ein Leistungsziel setzen, das wenige Herausforderungen bietet, werden Sie nicht das Beste aus Ihren Mitarbeitern herausholen. Wenn Sie ein Ziel setzen, das praktisch unmöglich zu erreichen ist, werden Ihre Mitarbeiter es entweder gar nicht erst versuchen, oder sie geraten zu sehr unter Druck. Für Führungskräfte ist dies ein guter Zeitpunkt, Mitarbeiter für die neuen Möglichkeiten und Herausforderungen der Zukunft zu begeistern.

NICHT VERGESSEN

- Wenn alle Mitarbeiter ihre Leistungsziele weit überschreiten, waren die Zielvorgaben möglicherweise zu niedrig.
- Es ist besser, ein realistisches Ziel zu ereichen, als bei gleicher Leistung an zu ehrgeizigen Zielen zu scheitern.
- Die Summe der Gruppenziele sollte größer sein als das gesteckte Gesamtziel, um für mögliche Defizite vorzusorgen.

86 Erklären Sie dem Team, wie strategisches Denken die Performance verbessert – heute und morgen.

VERBESSERUNGEN

Dadurch, dass das Team neue Ziele erreicht, entwickelt sich die Strategie fort, und Sie können nach weiteren Verbesserungsmöglichkeiten Ausschau halten. Stellen Sie sicher, dass Ihre internen Zielvorgaben mit der Entwicklung Schritt halten. Sie haben vielleicht die Kosten gegenüber dem letzten Jahr verringert, aber können Sie sie auf diesem Niveau halten und gleichzeitig die Qualität verbessern? Warten Sie nicht auf den Beginn eines neuen Geschäftsjahrs, um Zielsetzungen zu diskutieren. Überprüfen Sie sie ständig, und ermutigen Sie Ihre Mitarbeiter, noch produktiver zu sein.

Vorgesetzte stimmt zu, mehr Mittel einzusetzen, in der Hoffnung auf bessere Ergebnisse.

Führungskraft erläutert, wie eine neue Marktchance es ermöglicht, höhere Zielvorgaben zu erreichen.

VERBESSERTE PERFORMANCE

◀ ZIELVORGABEN & GELD
Leistungsziele lassen sich als Verhandlungsinstrumente einsetzen. Wenn Sie mehr Ressourcen benötigen, um eine Chance zu nutzen, werden Sie wahrscheinlich die gewünschte Zustimmung bekommen, wenn Ihr Projekt höhere Zielvorgaben ermöglicht.

MITARBEITER MOTIVIEREN

Eine neue Strategie bringt neue Herausforderungen. Motivieren Sie die Beteiligten, indem Sie dafür sorgen, dass alle es begrüßen, ihren Teil zum Erreichen des Erfolgs beitragen zu können.

87 Gehen Sie immer davon aus, dass Mitarbeiter gern mehr erreichen wollen.

▲ **KUNDEN BETEILIGEN**
Beauftragen Sie ein Teammitglied, die Strategie und die Gründe für Veränderungen zu erläutern, und bitten Sie die Kunden, sich damit nochmals einverstanden zu erklären. Lassen Sie sich schrifliche Bestätigungen geben, wenn die Veränderungen erheblich sind.

ZUSTÄNDIGKEITEN ÜBERPRÜFEN

Wenn ein Team eine neue Strategie übernimmt, müssen alle ihr Verhalten ändern. Nutzen Sie die Gelegenheit, die alten Rollenverteilungen und Zuständigkeiten zu überprüfen. Verbreiten Sie eine Einstellung, die besagt: »Es reicht nicht länger aus, den Job zu tun, den wir gestern noch gemacht haben. Wir tragen alle Verantwortung dafür, Wege zu finden, wie wir uns verbessern können.« Führen Sie Einzelgespräche mit Teamangehörigen, um sicherzustellen, dass sie mit den Veränderungen zurechtkommen. Dann bitten Sie geeignete Teamangehörige, mit Stakeholdern zu sprechen. Es ist wichtig, dass jeder Beteiligte – auch Kunden und Lieferanten – seine neue Verantwortung und Zuständigkeit versteht.

TUN UND LASSEN

✔ Fordern Sie das Team auf, Vorschläge für Verbesserungen zu machen.

✔ Stellen Sie sicher, dass die Teammitglieder ihre neuen Aufgaben verstehen.

✗ Prämiensysteme dürfen nicht für Arbeit außerhalb der Strategie belohnen.

✗ Glauben Sie nicht, dass die Rollenverteilung vom Anfang des Jahres am Ende noch zutrifft.

88 Wenn Sie Vorgaben erhöhen, achten Sie auf das Feedback, um die Chancen zu vergrößern.

89 Setzen Sie höchstmögliche Maßstäbe – für sich und für andere.

FORTBILDUNG

Wenn Sie die Aufgabenverteilung und die Zuständigkeiten ändern, kann es vorkommen, dass zuvor gut qualifizierten Teamangehörigen auf einmal die Fähigkeiten fehlen, neue Zielvorgaben zu erreichen. Hat Ihr Team z.B. das Know-how, um mit der neuesten Computersoftware zu arbeiten? Eine Strategie wird effektiver umgesetzt, wenn sie sich in den Alltag integrieren lässt, etwa indem Sie die Verwendung von Computern bereits in die Umsetzung einbauen. Denken Sie daran, dass Mitarbeiter keine neuen Fähigkeiten erwerben oder Fakten lernen müssen, die bei Bedarf durch technische Hilfsmittel bereitgestellt werden können.

MITARBEITER BELOHNEN

Überprüfen Sie, ob das alte System von Belohnungen der neuen Situation noch gerecht wird. Wenn Sie Zielvorgaben verändert haben, kann es sein, dass Sie neue Belohnungen und Anreize bieten müssen. Denken Sie daran, dass Mentoring und Coaching wichtiger Bestandteil einer Umgebung sind, in der Sie sich ständig darum bemühen, die Dienstleistung für den Kunden und die Performance der Gruppe zu verbessern. Geben Sie Ihren Mitarbeitern Feedback, wenn sie gut arbeiten, aber auch, wenn sie Fehler machen. Gibt es jemanden in Ihrem Team, der sagen würde: »Ich weiß nicht, ob ich meine Sache gut mache oder nicht«? Wenn ja, müssen Sie Zielvorgaben, Rollenverteilungen, Zuständigkeiten und Belohnungen noch genauer abstimmen.

DANKE SAGEN

Eine der einfachsten und effektivsten Formen der Belohnung besteht darin, sich für gute Arbeit zu bedanken. Lob im Beisein anderer Gruppenangehöriger verstärkt den Effekt.

DIE PERFORMANCE ÜBERWACHEN

Damit der Plan auf dem richtigen Weg bleibt, müssen Sie den Fortschritt sowohl in den operativen Plänen als auch in den Change Projects genau im Auge behalten. Sorgen Sie für die Erstellung von Gruppenberichten, die Probleme aufzeigen.

90 Informieren Sie Mitarbeiter nur so detailliert wie nötig.

▲ PROBLEME ANZEIGEN
Verwenden Sie ein »Ampel-System«, um den Projektfortschritt zu verfolgen. Gelb oder rot zeigen Themen an, die bei der nächsten Besprechung behandelt werden müssen.

BERICHTE ERSTELLEN

Leistungsberichte müssen deutlich aufzeigen, welcher Fortschritt bis dato im Hinblick auf die gesetzten Ziele erreicht wurde. Wenn beispielsweise das Jahresziel darin besteht, 1000 Einheiten zu produzieren, und Sie bis Jahresmitte 500 geschafft haben, ist der Status dieser Sollvorgabe »grün«. Wenn Produktionsschwierigkeiten dazu geführt haben, dass nur 380 hergestellt wurden, sollte der Status dieser Zielvorgabe als »gelb« markiert werden, und bei der nächsten Besprechung muss über diesen Punkt gesprochen werden. Wenn Sie nur 150 Einheiten produziert haben, wird die Markierung auf »rot« gesetzt. Dies signalisiert, dass dringender Handlungsbedarf besteht oder das Ziel verfehlt wurde.

CHANGE PROJECTS VERFOLGEN

Sie können auch grüne, rote und gelbe Markierungen verwenden, um Change Projects zu verfolgen. Wenn die meisten Zwischenziele erreicht wurden, sollte der Status »grün« sein. Wenn es Probleme gibt, ist der Gruppenleiter oder die verantwortliche Gruppenangehörige dafür zuständig, das Team auf den Wechsel nach »gelb« aufmerksam zu machen. Wenn es ernsthafte Probleme gibt (»rot«), müssen sofortige Maßnahmen ergriffen werden, um das Ziel noch zu erreichen.

DEN FORTSCHRITT ANDERER BEOBACHTEN

Einerseits ist es wichtig, auf die eigenen Berichte zu achten, andererseits müssen Sie auch die Performance von Mitarbeitern außerhalb Ihres Teams im Auge behalten, wenn es wahrscheinlich ist, dass deren Vorankommen Ihre Zielvorgaben oder Change Projects beeinflusst. Versuchen Sie, Mitarbeiter in anderen Abteilungen zu überreden, bei der Abfassung von Berichten immer die gleichen Standardtechniken zu verwenden – das macht es sehr viel leichter, die Berichte zu verstehen. Um sicherzustellen, dass die Informationen eines Berichts in jeder Hinsicht auf dem neuesten Stand sind, muss jemand auch dafür verantwortlich sein. Weisen Sie diese Aufgaben einem Teamangehörigen zu, der selbst schon für einige Punkte im Bericht verantwortlich ist. Betonen Sie, wie wichtig es ist, einen klar formulierten, aktuellen Bericht vorliegen zu haben – und hoffen Sie, dass andere Ihrem guten Beispiel folgen werden.

91 Beobachten Sie Fortschritte informell, indem Sie zuhören, beobachten, kommunizieren.

92 Halten Sie sich auf dem Laufenden über Veränderungen in anderen Abteilungen.

DEN FORTSCHRITT EFFEKTIV ÜBERWACHEN

Die Grafik unten zeigt, wie wichtig es ist, ein Überwachungssystem zu haben, das bei Diskrepanzen zwischen Zielsetzung und tatsächlichem Fortschritt warnt, bevor der Zustand kritisch wird und das Projekt scheitert. Operative Ziele müssen eher wöchentlich als monatlich überprüft werden.

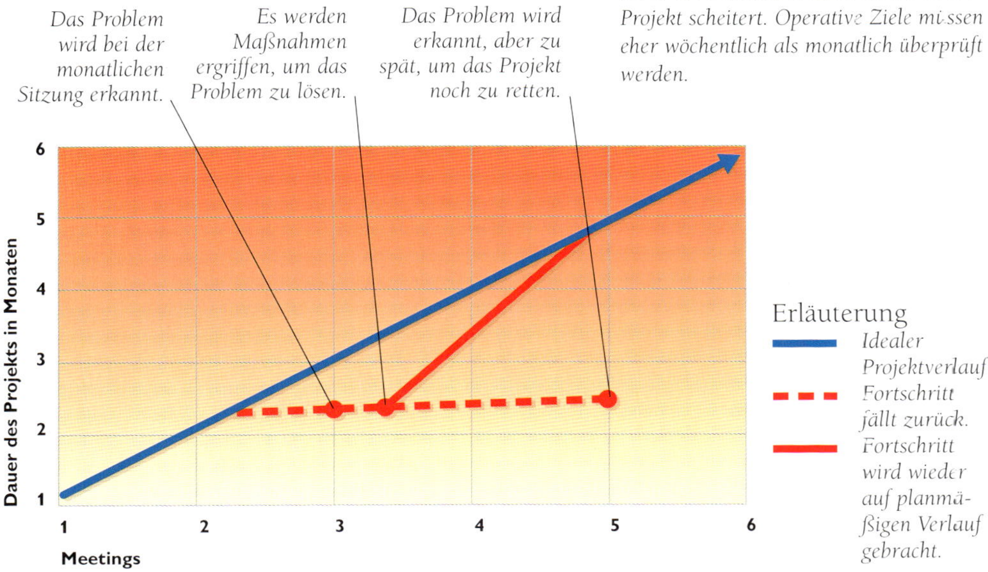

BESPRECHUNGEN

Monatliche Besprechungen erlauben Ihnen, die operativen Tagesaufgaben ins Auge zu fassen und Probleme zu lösen, die in den Fortschrittsberichten hervorgehoben wurden. Außerdem muss dabei die Gesamtstrategie geprüft werden.

93 Führen Sie Meetings streng sachbezogen durch; schweifen Sie nicht ab.

94 Meetings sollten unbedingt pünktlich beginnen und enden.

BESPRECHUNGEN

Wenn sich in der Runde für ein Problem keine angemessene Lösung abzeichnet, delegieren Sie es an die entsprechenden Mitarbeiter, um es nach dem Meeting zu lösen.

PROJEKTFORTSCHRITT

Wie ein Vorstand treffen sich Arbeitsgruppen typischerweise einmal im Monat. Verwenden Sie die Markierungen rot, gelb oder grün, um die Reihenfolge der Themen auf Ihrer Tagesordnung zu kennzeichnen. Betrachten Sie die operative Vergangenheit, indem Sie die Frage stellen, wie es Ihnen ergangen ist, und denken Sie über das vermutliche Ergebnis nach, wenn Sie die Dinge so belassen, wie sie sind. Sehen Sie sich die Change Projects an, und gleichen Sie sie mit dem Plan ab.

PROBLEME LÖSEN

Sprechen Sie über die Anzeichen, die zeigen, dass ein sofortiges Eingreifen erforderlich ist. Es muss Übereinstimmung herrschen, wer dafür verantwortlich ist, ein Problem zu lösen – und in welchem Zeitrahmen. Die Diskussion über den Fortschritt von Änderungsvorhaben ist fast immer nützlich, und oft hat das ganze Team etwas dazu zu sagen. Wenn ein Thema immer wieder auftaucht und sich keine Besserung abzeichnet, überprüfen Sie, welche Maßnahmen durchführbar sind, und ändern Sie den Plan. Lassen Sie das Problem nicht vor sich hinschwelen.

NICHT VERGESSEN

- Wenn ein Projekt sich über eine lange Zeit erstreckt, müssen Sie sicherstellen, dass es niemand aus den Augen verliert.
- Das gesamte Team sollte daran beteiligt sein, Änderungsvorhaben zu diskutieren, die sich langsamer entwickeln als erwartet.
- Es ist nützlich, bei bestimmten Besprechungen (etwa wenn Sie mehr Mittel benötigen) einen Vorgesetzten dabei zu haben.

95 Wenn Pläne nicht funktionieren, ändern Sie sie lieber heute als morgen.

96 Testen Sie in Meetings neue Ideen am Business Case Template.

REVISION

Nutzen Sie die monatlichen Meetings, um sich auf operative Zielvorgaben und Change Projects zu konzentrieren, die bereits auf den Weg gebracht sind. Sie sollten außerdem regelmäßig längere Meetings abhalten, um die Strategie selbst zu überprüfen. Es ist unwahrscheinlich, dass Sie bei jedem vierteljährlichen Meeting daran gehen müssen, all Ihre Ziele neu zu definieren, Ihren Wettbewerbsvorteil zu ermitteln oder Grenzen neu abzustecken. Aber vielleicht müssen Sie Produktmärkte neu gruppieren, die Schwerpunktsetzung innerhalb der Produktmärkte verändern und die Budgets noch einmal genau durchsehen.

TUN UND LASSEN

- ✔ Erinnern Sie Ihre Mitarbeiter daran, dass durchgeführte Projekte ihnen zu Gute kommen.
- ✔ Erwarten Sie von jedem, dass er seine Aufgaben ausführt.
- ✗ Akzeptieren Sie keine Entschuldigungen, der Tagesdruck halte einen von Projekten ab.
- ✗ Zwischen den Meetings darf nicht mehr als ein Monat liegen.

97 Erwägen Sie, falls nötig, Veränderungen am Business Case Template selbst.

FLEXIBEL SEIN

Ein General hat einmal gesagt: »Kein Plan übersteht den Kontakt mit dem Feind.« In ähnlicher Weise sagt man, dass kein strategischer Plan den Kontakt mit dem Markt überlebt. Stellen Sie sich darauf ein, den Plan notfalls abzuändern.

98 Bemühen Sie sich laufend um Verbesserungen, damit Sie strategisch flexibel bleiben.

MIT DEM UNVORHERGESEHENEN RECHNEN

Äußere Ereignisse mögen Sie dazu zwingen, einen grundlegenden Teil des Plans bereits kurz nach Beginn der Umsetzung zu revidieren. Wenn beispielsweise ein Mitbewerber ein neues Produkt auf den Markt bringt, kann das entscheidenden Einfluss auf die Strategie haben. Immer, wenn etwas Derartiges geschieht (und auf jeden Fall einmal jährlich), müssen Sie den Plan im Hinblick auf die allgemeine Zielrichtung prüfen.

▲ SICH ANPASSEN
In diesem Beispiel ist ein Team mit äußeren Veränderungen am Markt konfrontiert. Das effektive Team diskutiert die Veränderungen, beschließt, die Planung zu ändern, und informiert den Kunden. So wächst dessen Vertrauen in die Kompetenz des Teams.

99 Hören Sie auf das, was Lieferanten über Veränderungen in der Branche sagen.

Der Kunde ist beeindruckt von der Weitsicht des Teams und erhöht sein Auftragsvolumen.

DIE RICHTUNG ÄNDERN

Stellen Sie sich darauf ein, die Strategieplanung zu ändern, wenn es sich als notwendig erweisen sollte. Ein guter strategischer Plan zahlt sich auch deswegen aus, weil selbst in einer schnelllebigen Geschäftsumgebung die Strategie die Grundlage liefert, an der Chancen zu messen sind. Um effektiv zu handeln, müssen Sie und Ihr Team ständig die aktuelle Vorgehensweise in Frage stellen und darum bemüht sein, die Art und Weise zu verändern und zu verbessern, auf die Sie die Bedürfnisse Ihrer Kunden befriedigen. Besprechungen bieten eine ausgezeichnete Plattform für eine Diskussion über entsprechende Vorstellungen. Genau so, wie Ihre Revisionsmethode neue Chancen zulassen muss, muss sie auch einen Mechanismus dafür bieten, Ideen zu verwerfen, die ursprünglich tragfähig waren. Neue Chancen erfordern Ressourcen, und häufig werden solche Mittel frei, wenn andere Projekte aufgegeben werden.

DIE STRATEGIE IMMER WIEDER TESTEN

Die Strategie am Ende des Planungsjahrs kann sich erheblich vom ursprünglichen Plan unterscheiden, aber vorausgesetzt, das Team hat die vereinbarten Kriterien zur Situationseinschätzung (Business Case Template) angewendet, spiegelt der Plan immer noch die optimale Richtung und Geschwindigkeit der Entwicklung wider. Indem Sie auch Veränderungen mit dem Business Case Template testen, erkennen Sie, welche Chancen Sie nutzen sollten. So bleiben Sie auf der Höhe der Zeit und können ständig Verbesserungen vornehmen. Und genau dieser Wille, die Dinge noch besser zu machen, bildet ja den Kern des strategischen Denkens.

100 Stellen Sie sicher, dass Sie auf Veränderungen mutig und entschieden reagieren.

101 Strategisches Denken sollte Sie nicht nur fordern, sondern auch Spaß machen.

WIE GUT KÖNNEN SIE STRATEGISCH DENKEN?

Bewerten Sie Ihre Fähigkeit, strategisch zu denken, indem Sie zu den folgenden Aussagen Stellung beziehen. Seien Sie so ehrlich wie möglich. Wenn Ihre Antwort »nie« ist, kreuzen Sie die 1 an, lautet sie »gelegentlich«, wählen Sie die 2, bei »oft« die 3 und bei »immer« die 4. Zählen Sie Ihre Punkte zusammen und lesen Sie unter »Auswertung« nach, woran Sie noch arbeiten müssen.

OPTIONEN

1 Nie

2 Gelegentlich

3 Oft

4 Immer

1 Ich kenne meine Planung für die nächsten zwei Jahre.

1 2 3 4

2 Ich verfüge über die nötigen Hintergrundinformationen für Entscheidungen.

1 2 3 4

3 Ich spreche mit meinen Mitarbeitern über ihre Aufgaben.

1 2 3 4

4 Ich diskutiere meine Strategie mit allen Beteiligten.

1 2 3 4

5 Ich führe regelmäßig Planungssitzungen mit dem Team durch.

1 2 3 4

6 Ich habe das sichere Gefühl, der Konkurrenz voraus zu sein.

1 2 3 4

7 Ich bin in der Lage, die Bedürfnisse meiner Kunden präzise vorherzusagen.

1 2 3 4

8 Ich weiß, wie ich neue Technologien bestmöglich nutzen kann.

1 2 3 4

9 Ich kenne die Kriterien für die Entscheidungen meiner Kunden.

1 2 3 4

10 Ich kenne den Inhalt der Internetseiten meiner Konkurrenten.

1 2 3 4

11 Ich diskutiere regelmäßig interne Geschäftsvorgänge mit dem Team.

1 2 3 4

12 Ich benutze die SWOT-Analyse als alltägliches Werkzeug.

1 2 3 4

13 Ich kenne meinen derzeitigen Wettbewerbsvorteil.

1 2 3 4

14 Ich berate mich mit anderen Gruppenleitern über Strategiefragen.

1 2 3 4

15 Ich diskutiere Änderungen der Strategie mit Kunden und Lieferanten.

1 2 3 4

16 Ich verwende ein Business Case Template, um neue Ideen zu prüfen.

1 2 3 4

17 Ich sorge dafür, dass mein Team die Testkriterien für neue Ideen kennt.

1 2 3 4

18 Ich stelle sicher, dass mein Team im Rahmen der Strategie operiert.

1 2 3 4

19 Ich habe meinen Produktmärkten angemessene Prioritäten zugewiesen.

1 2 3 4

20 Ich investiere in neue Märkte mit langfristigem Potenzial.

1 2 3 4

21 Ich weiß, wie hoch meine Kosten gegenüber dem Budget sind.

1 2 3 4

22 Ich weiß, wie meine tatsächlichen Verkaufszahlen im Vergleich zum Soll aussehen.

1 2 3 4

23 Ich weiß genau, welche Fähigkeiten meines Teams verbesserungsfähig sind.

1 2 3 4

24 Ich stelle sicher, dass die Teammitglieder Änderungsvorhaben ernst nehmen.

1 2 3 4

25 Ich habe einen dokumentierten und stets aktualisierten strategischen Plan.

1 2 3 4

26 Ich weiß, wo die Risiken und Gefahren für meine Ziele liegen.

1 2 3 4

27 Ich halte alle Stakeholder regelmäßig auf dem Laufenden.

1 2 3 4

28 Ich setze dem Team realistische, aber anspruchsvolle Ziele.

1 2 3 4

29 Ich überprüfe und aktualisiere meinen Plan regelmäßig.

1 2 3 4

30 Ich verwende firmenweit übliche Standards für meine Berichte.

1 2 3 4

31 Ich verlange nur von Projektverantwortlichen Präsenz bei Meetings.

1 2 3 4

32 Ich stelle sicher, dass meine Strategien zu denen meiner Kollegen passen.

1 2 3 4

AUSWERTUNG

Egal, wie erfolgreich Ihr strategisches Denken ist – Sie sollten immer daran denken, dass es möglich ist, sich noch weiter zu verbessern. Stellen Sie fest, wo Ihre Schwachstellen liegen, und lesen Sie in den betreffenden Abschnitten und Kapiteln nach.

32–64: Sie gehen reaktiv vor und verwenden nicht genug Zeit auf strategisches Denken. Nehmen Sie sich ein oder zwei Schritte aus dem Planungsprozess vor, und führen Sie sie durch bis zum Ergebnis.

65–95: Ihre strategische Denkfähigkeit ist recht ordentlich, Sie sollten sich jedoch um einige Schwachstellen kümmern.

96–128: Sie können gut strategisch denken, aber ruhen Sie sich nicht auf Ihren Lorbeeren aus.

REGISTER

DANK

DANK DER AUTOREN

Ein beeindruckendes Team qualifizierter Mitarbeiter war an der Produktion dieses Buches beteiligt. Besonders danken möchten wir Adèle Hayward und Caroline Marklew von Dorling Kindersley für ihre Hilfe bei der Entwicklung der Konzepte, der Struktur und der Gesamtgestaltung dieses Buches. Arthur Brown trug konstruktive und kreative Ideen bei, als es um das Design im Detail ging, und Amanda Lebentz ist die positivste und genaueste Lektorin, die man nur haben kann. Wir sind dankbar für den großen Beitrag, den sie alle zu diesem Buch geleistet haben.

DANK DES VERLAGS

Dorling Kindersley möchte folgenden Personen für ihre Hilfe und Mitarbeit bei der Herstellung dieses Buches danken:

Fotos Matthew Ward

Fotomodelle Roger Andre, Anne Chapman, Brent Clark, Emma Harris, Nigel Hill, Gill Hooton, Sander deGroot, Sophie Millett, Roger Mundy, Anastasia Vengeroua, Michael Weinkove

Make-up Evelynne

Bildrecherche Andy Sansom
Bildarchiv Melanie Simmonds

Register Sibylle Tönjes

BILDNACHWEISE

Erläuterung: *o* oben, *u* unten, *m* Mitte, *l* links, *r* rechts
Colorific M. Hardwick 60; **Powerstock** 39; **Telegraph Colour Library** Paul Campbell 17, Ryanstock 32; **Tony Stone Images** Peter Correz, Umschlagvorderseite, Ken Fisher 4, Stephen Peters 11 *tl*.

DIE AUTOREN

Andy Bruce ist der Gründer von SofTools.net, einer Gesellschaft für internetbasiertes Business Training und Consulting. Nach seinem Abschluss in Wirtschaftswissenschaften verbrachte er die letzten acht Jahre damit, praktische Hilfestellungen für das Geschäftsleben zu erarbeiten, um Organisationen bei der Strategieentwicklung und beim Umgang mit Veränderungen zu unterstützen.

Ken Langdon war in Verkaufs- und Marketingpositionen in der Computerbranche tätig. Heute unterstützt er als freier Berater große Unternehmen (u.a. den Hardware-Hersteller Hewlett Packard) bei der Entwicklung und Implementierung neuer Strategien. Ken Langdon hat zahlreiche Vorträge über strategisches Denken in den USA, Europa und Australien gehalten.